Foto:
Donau bei
Vilshofen

AF220070

Foto:
Moldau bei Týn

Die nachfolgenden Informationen, Berichte und Anregungen sind allen Mitbürgern, besonders denen mit politischer Verantwortung, gewidmet, die in der Europaregion Donau-Moldau ihre Rolle als Europäer und Nachbarn von Böhmen ernst nehmen wollen.

Leopold Graf Deym

Leopold Graf Deym
Freiherr von Střítež

BLICKE AUF DEN NACHBARN BÖHMEN
in der
EUROPAREGION DONAU-MOLDAU

Ein Beitrag zur Verständigung und einem freundschaftlichen Miteinander in Nachbarschaft von Graf Deym, Freiherr von Střítež

Bibliografische Information der Deutschen Nationalbibliothek:
Die Deutsche Nationalbibliothek verzeichnet diese Publikation in der Deutschen Nationalbibliografie; detaillierte bibliografische Daten sind im Internet über http://dnb.dnb.de abrufbar.

Textinhalt und Anordnung: **Leopold Graf Deym, München**
Weitere Bilder : **Leopold Graf Deym, München**
Bilder zur EDM : **EDM Geschäftsstelle Freyung**
Lektorat und Gestaltung: **Susanne Möhring, Sonndorf**

Herstellung und Verlag: BoD – Books on Demand, Norderstedt

ISBN: **9783753443195**

EU—BLICKWINKEL

Inhaltsverzeichnis

EU-Blickwinkel 2019

EU-Blickwinkel 2020

Vorwort

Mit dem Selbstappell „Nicht jammern, anpacken! " versuchte ich seit Herbst 1998 mit eigenen Beiträgen die Entfernung von „Europa" zu seinen Bürgern zu verringern. Dabei ist Entfernung doppeldeutig. Sie hat eine inhaltliche (ideelle, politische) und eine räumliche (geographische) Dimension. Meines Erachtens verflüchtigt sich die ideelle, politische Dimension, wenn man sie nicht in erfahrbare Nähe bringt, die räumliche Distanz verkürzt. Seit Errichtung der Europäischen Union als Nachfolgerin der EWG ist Europa nicht mehr Angelegenheit der Außenpolitik, sondern gehört in den Wirkungskreis jeder Kommune. Begriffe, Struktur, Produkte der Administration und Förderwege sind für die meisten Bürger „böhmische Dörfer".

Nachbarschaft in ihr ist hingegen eine überschaubare und die elementarste Form grenzüberschreitenden Miteinanders und beinhaltet: Eine Grenze zu haben und weil man aufeinander immer mehr angewiesen ist, sich im Blick zu halten, voneinander zu wissen, sich verstehen zu suchen, gemeinsame Ziele zu verfolgen.

Und so entstand mein Plan, der Strategie eines „Europas der Regionen" zu folgen und sich auf das Miteinander der Nachbarn in **Niederbayern und Südböhmen** zu konzentrieren und durch mehr Blicke über den Zaun, mehr Wissen voneinander, mehr Begegnung und mehr Miteinander es zu fördern.

Diesem Ziel folgten zur Umsetzung sechs Schritte: Zuerst selbst über die Grenze zu gehen, das Terrain zu sondieren und einen Brückenkopf einzurichten. So entstand der Erwerb und die Sanierung des **Jugendschlosses Dražíč** (1.) als Jugendbegegnungs- und Bildungsstätte in Südböhmen. Daran schloß sich eine Vielzahl von Besuchsreisen (2.) mit den unterschiedlichsten Gruppen und der Nutzung des Schlosses Dražíč an.

Parallel dazu machte ich die Vereine und Organisationen (3.) ausfindig, die sich um intensive Nachbarschaftskontakte kümmerten und wirkten dort so gut es ging mit. Dabei bildete sich als Hauptakteur die frisch installierte **Europaregion Donau-Moldau (EDM)** (4.) mit ihrer Administratur und ihrem Personal heraus. Das schaffte auch den Kontakt zu politischen Entscheidungsträgern (5.), die ich immer wieder mit „Inputs" zu informieren und animieren versuchte. Als letzter und wichtigster Schritt war die Kommunikation als Multiplikator zur Basis, den Bürgern gefordert. Den Weg zu ihnen, um Wissen, Verständnis und Engagement für „Europa in der Nähe" zu erweitern, suchte ich schließlich in einer Beitragsserie im „Rathausfenster" (6.), im Gemeindeblatt des Marktes Eichendorf. Überschrieben waren die monatlichen Beiträge mit „**EU-Blickwinkel**".

Die hier vorliegenden **Blicke auf den Nachbarn Böhmen** sind die Zusammenfassung der monatlichen Beiträge über mehr als drei Jahre. Sie sollen den Kreis der Böhmenfreunde und „Europahelfer" erweitern. Neben historischen, geographischen oder sozialpsychologischen Einblicken werden auch immer wieder kurze Querverweise auf die oben genannten Schritte meiner Bemühungen gegeben, vor allem auf die Arbeit der EDM.

Die Beiträge versuchen „umgänglich" zu sein, folgen keiner Systematik oder Dramaturgie und sind keineswegs vollständig oder wissenschaftlich. Sie werden mit dem in Tschechien unter Freunden vertrauten Gruß „Ahoi" begonnen. Das mag in den unsicheren Gewässern Europas auch ganz passend sein, mutet aber zunächst in einem Land ohne Meer originell an. Es drückt die Sehnsucht nach Meer und zu Zeiten der geschlossenen Grenzen die nach dem tschechischen Hafen in Hamburg aus. Unterzeichnet sind die Beiträge mit dem Pseudonym „Wenzel", einem meiner böhmischen Vornamen. Hier scheint die familiengeschichtliche Mitverantwortung für das Land der tschechischen Vorfahren kurz durch. Wer nicht den Atem hat, die Beiträge chronologisch an sich vorbeiziehen zu lassen, kann sich im Inhaltsverzeichnis seine Favoriten herauspicken.

Es wäre schön, wenn es auf tschechischer Seite im Sinne Europas auch vergleichbare Blicke in unsere Richtung gäbe. Ich wünsche mir, daß auch Sie, liebe Leser, Grenzen überwinden und zur Verwirklichung eines **„Europa in der Nähe"** beitragen, damit wir unseren Kindern und Enkeln bestmögliche Lebensbedingungen, auch in der „sozialen und kulturellen Umwelt" hinterlassen.

Gebe Gott, daß die Abnahme der Bazillen des Chauvinismus und der pandemischen Viren, den Abstand der Völker weiter verringere! Sollten verantwortliche Politiker mein Elaborat lesen, so bitte ich sie, es nicht als Belletristik oder gar Kritik zu verstehen, sondern als Aufforderung und Vorlage zur konkreten Weiterentwicklung von Europa über die Intensivierung der Nachbarschaftsverhältnisse.

Demzufolge schließt meine Zusammenfassung von Beiträgen im Anhang mit der Wiedergabe des formulierten aktuellen Zieles der EDM einerseits und seiner perspektivischen Weiterentwicklung in einem zehn Punkte-Programm andererseits.

Ahoi!
Leopold Wenzeslaus Johann-Nepomuk Graf Deym, Freiherr von Střítež

März: Der Blick vom Rathausfenster nach Europa

Durch das Rathausfenster kann man „hinein" aber auch „hinaus" schauen. Das Rathaus hat sich für mehr Weit- und Voraussicht, einer Verlängerung des Blickes nach außen, über den Horizont entschieden, sozusagen ein Fenster in einem Aussichtsturm. Damit unterstreicht es seine Mitverantwortung für Offenheit, sein Interesse an größerem Miteinander, d.h. an gelingendem Europa.

Es will damit nicht bestimmte Ideen und politische Absichten irgendeiner Partei durchdrücken, sondern es versucht, in einem Europa der Regionen bürgernahe Gemeinschaft zur Verbesserung der Lebensqualität des Einzelnen umzusetzen. Für uns ist Europa zunächst da wo die Nachbarn, die Verwandten jenseits der Grenze sind. Das sind in unserem Landstrich im Osten die Menschen in Südböhmen, nah und doch in vielem noch unbekannt und fremd, verbunden und getrennt durch Geschichte und Gebirge.

Entfernung überwindend folgte Herr Bürgermeister Schadenfroh Anfang des Jahres dem Blick nach Osten und einer Einladung der Bayerischen Repräsentanz nach Prag. Brüssel und München haben erkannt, daß Europa nur in kleinen Schritten und überschaubaren Strukturen gelingt und einen Prozess funktionaler Annäherung und regionaler Zusammenschlüsse eingeleitet.

Er ist gewachsen von der in Freyung installierten „EUREGIO Bayerischer Wald / Böhmerwald" zur „Europaregion Donau-Moldau" (EDM) und soll demnächst zum „Europäischen Verbund territorialer Zusammenarbeit" (EVTZ) verfestigt werden. Sinn dieses Aufbaues von schlanken Strukturen und administrativen Hilfestellungen ist nicht nur eine kleinflächige Stärkung von Beziehungen sondern auch Europamittel bürgernäher vor Ort zu lenken und den ländlichen Raum zwischen den urbanen Zentren zu erhalten und zu stärken. Im Europahaus in Freyung sind die entsprechenden Stellen für Niederbayern, inklusive der Informationsstelle „Europa-Direkt" mit zweisprachigem Personal zusammengefasst.

Sie stärker zu nutzen, soll der EU-BLICKWINKEL u.a. helfen und „oben" und „unten" besser miteinander verbinden.

Als erstes: hier nochmals ein Blick auf die EDM Landkarte:

Quelle: https://www.europaregion.org/uber-die-europaregion.html

Europaregion Donau-Moldau

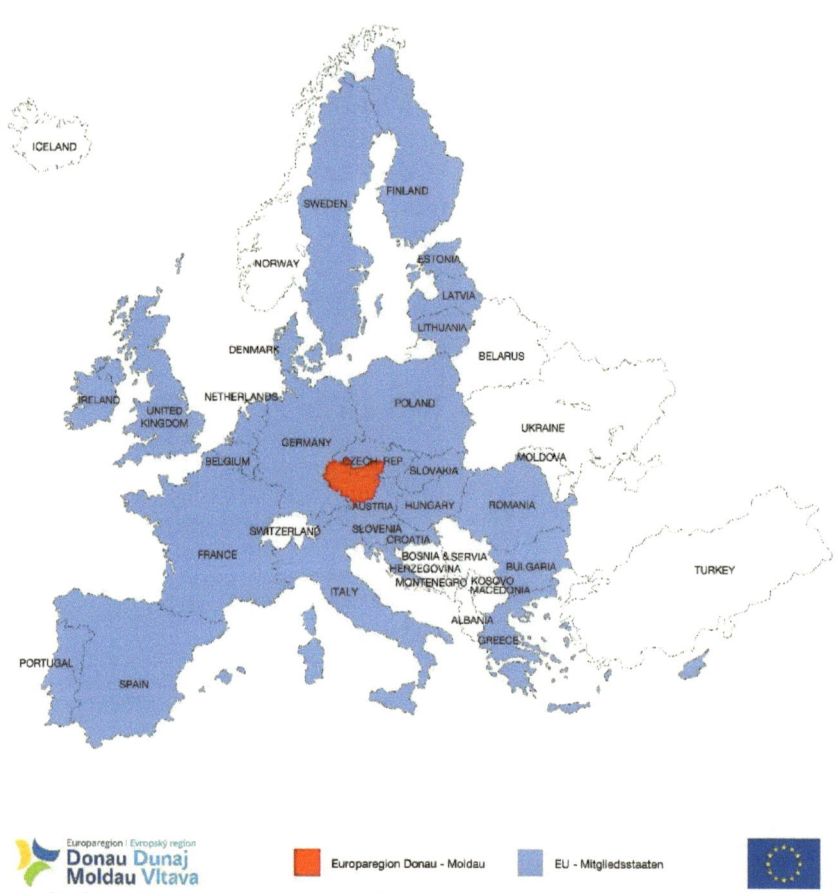

Europaregion Donau - Moldau   EU - Mitgliedsstaaten

Quelle: https://www.europaregion.org/uber-die-europaregion.html

Merken Sie, wie lückenhaft unser Wissen über unsere Nachbarn ist? Haben Sie von der Vysočina, der böhmisch/mährischen Höhe, schon mal was gehört? In ihre Hauptstadt Jihlava, zu Deutsch Iglau, ist gerade von Niederbayern der Vorsitz der EDM gewandert.

Damit unsere „Ausflüge" nach Südböhmen nicht trocken und bürokratisch werden, will ich versuchen, in weiteren Beiträgen Ihnen nicht nur Grundinformationen über Land und Leute zu geben, über spannende politische Ereignisse berichten, einen näheren Blick auf reizvolle Sehenswürdigkeiten und Städte mit ihren Veranstaltungen werfen, sondern auch Raum für grenzübergreifende Angebote und Gesuche bezüglich Kontakten lassen.

Bis zum nächsten Mal und gute Fernsicht!

Euer Wenzel

AHOI!
Mit diesem Seemannsgruß begrüßen sich tschechische Freunde. Eingeschlossen von Gebirgen drückt dieser Gruß vermutlich unterbewusst die Sehnsucht nach Offenheit durch Anschluss an Meer und Welt aus.

Das begonnene Jahr 2018 ist wieder ein in der tschechischen Geschichte schicksalhaftes „Achter-Jahr". 1618 löste der Prager Fenstersturz den Dreißigjährigen Krieg aus. 1918 erwuchs aus den Ruinen der österreichisch-ungarischen Monarchie die ersehnte Selbständigkeit in der ersten Republik. 1938 versagten im Münchner Abkommen die Westmächte dem jungen Staat den Schutz vor der Besetzung Hitlers. Nach der nationalsozialistischen Besetzung und anschließender Vertreibung der Deutschen nach deren militärischer Niederlage lösten 1948 die Russen durch einen Umsturz die deutsche Fremdherrschaft ab. Im Prager Frühling 1968 blühte im „Sozialismus mit menschlichem Gesicht" die Hoffnung auf Öffnung und Freiheit auf. Durch den Einmarsch mit Panzern der Warschauer-Pakt-Staaten im August waren die Tschechen wieder Gefangene der Ideologie und ihrer geopolitischen Lage zwischen Bergen und Großmächten bis sich 1988 die „samtene Revolution" abzeichnete.

Ob 2018 wieder ein Schicksalsjahr wird? Die innenpolitische Lage ist trotz guter Wirtschaftsentwicklung brisant und das Verhältnis zu Europa angespannt. Die Parlamentswahlen im letzten Oktober wirbelten die Parteienlandschaft von neun politischen Gruppierungen durcheinander und führten wieder einmal zu einem Regierungswechsel. Die Partei ANO des Multimilliardärs Andrej Babiš gewann die Mehrheit.

Ihre inhaltliche Ausrichtung und ihr Verhältnis zu Europa verstecken sich hinter wirtschaftlichen Parolen. Des Slowaken Babiš politische Vergangenheit beschäftigt Untersuchungsausschüsse ebenso wie die EU-Kommission die Verwendung von Fördermitteln durch ihn.

Die etablierten Parteien, unter denen sich mit 10 Parlamentssitzen auch die Christ-Demokraten befinden, die 4 Sitze eingebüßt haben, zwingen ANO bisher in eine Minderheitsregierung. So kommt es zu der delikaten Situation, daß Babiš in seinem Minderheitskabinett bisher nur auf die rechts- und links-extremistischen Parteien zählen kann. Alle drei sind sich einig in ihrer Position gegen die Kirchen.

Gewählt haben die Tschechen auch einen neuen Präsidenten, bzw. den alten bestätigt. Gesundheitlich angeschlagen, russlandfreundlich, EU-skeptisch und derb, identifiziert sich vor allem die ältere Landbevölkerung mit Präsident Zeman. Die Regierung Babiš hat seinen Segen.

Diese politische Gesamtsituation hat das Potential, ein neues Schicksalsjahr zu werden. Nicht zuletzt auf die EU-Politik wird es ankommen, ob ihre Diplomatie sensibel genug ist, mit ihrem Sorgenkind verständnisvoll und klug umzugehen. Aber auch wir Bürger sind aufgerufen, uns in die sehr spezielle Lage unserer Nachbarn zu versetzen und durch die Nutzung der regionalen Kontaktstellen und Förderprogramme im Europahaus und anderenorts die Kontakte zu unseren Nachbarn zu verfestigen und sie dadurch vom Gewinn Europas und seiner Werte zu überzeugen. Davon zukünftig mehr!

Heute nur zwei kleine Beispiele dazu:

Die Koordinierungsstelle TANDEM für Jugendaustausch sucht noch 4-5 deutsche Kinder/Jugendliche für ein Sommercamp mit Schwerpunkt Ökologie im Böhmerwald und eine deutsche Klasse für eine deutsch-tschechische Begegnungswoche in Sebnitz.

Bis nächstes Mal und gute Fernsicht

Euer Wenzel

Foto: Mit einer Gruppe von Freunden 2016 bei Botschafter Arndt Frh. Freytag von Loringhoven auf dem berühmten Balkon der Botschaft in Prag

AHOI!
Wer mit seinem Nachbarn gut leben will, baut am besten auf dem Verbindenden auf. Leider wissen wir oft gar nicht, was uns verbindet, weil wir unseren Nachbarn zu wenig kennen. Das gilt auch im nationalen, politischen Bereich, vor allem den ehemaligen russischen Satellitenstaaten, zu denen unsere böhmischen Nachbarn nicht ohne unsere Schuld gerieten.

Die Gemeinsamkeit mit den Tschechen beginnt schon beim selben Wappentier, dem Löwen. Der tschechische Löwe hat zur Unterscheidung zwei Schwänze. Sie stehen für Böhmen und Mähren. Den Wappenfarben weiß und blau ist in Tschechien rot hinzugefügt.

Das tschechische und bayerische Staatsgebiet sind vergleichbar. Das tschechische ist etwas größer hat aber weniger Einwohner. Es ist von daher vor allem in Südböhmen wesentlich dünner besiedelt und deswegen auch die Urlaubsregion der Tschechen.

Bayern und Böhmen sind geographisch das Herz Europas. Mit keinem anderen Land ist es auch mit einer so langen Grenze verbunden. Wegen der Fruchtbarkeit und Schönheit früh besiedelt, entstand in Böhmen eine Hochkultur, die uns u.a. 2002 Schlösser und Burgen hinterlassen hat. Nicht von ungefähr war Böhmen auch zweimal Sitz des Römischen Kaisers deutscher Nation. Hätte Böhmen neben Italien für Goethe so eine große Rolle gespielt, wenn es ohne „Genius" gewesen wäre? Zeitgenössische Böhmen-Reisende fühlen sich eher durch Bier, Blasmusik und Schweinsbraten heimatlich beseelt.

Obwohl uns nichts so trennt wie die Sprache, führte die Siedlung der Slawen an Elbe und Saale in der Mitte des ersten Jahrtausends dazu, daß wir noch heute über tausend Lehnwörter aus dem Slawischen in unserer Sprache haben. Wussten Sie, daß unsere Hauptstadt ursprünglich eine slawische Siedlung war?

Auch wir Bayern sind keine Ureinwohner, sondern sind als „Boier" einem keltischen Volksstamm, der auch schon fremdes Blut in seinen Adern hatte, aus dem Osten hier eingewandert. Die Verwandtschaft der Wörter „Boier, Bohemia, Bayern" ist kein Zufall. Auch die frühe Christianisierung zeigt eine gewisse Parallelität, auch wenn ihrem Beginn von Regensburg nach Osten, bald eine Missionierung Böhmens von Byzanz nach Westen durch die Slawenapostel Kyrill und Method folgte. Den entstandenen Streit entschied der Papst zu Gunsten der Slawen.

Der Völkerwanderung nach Westen folgte im 13.Jahrhundert durch den „Boom" im Nachbarland eine Auswanderungswelle aus den deutschen Grenzgebieten nach Osten. Sie beflügelte den Aufbau in Böhmen, die blutsmäßige Vermischung und das lange freundschaftliche Verhältnis. Aus den Deutschböhmen wurden durch den aufkeimenden Nationalismus und dann den aggressiven Nationalsozialismus „Sudetendeutsche" und nach Kriegsende Vertriebene. Trotzdem ist Böhmen nicht frei von bayerischen Spuren, auch wenn Frau „Hinterdoblerova" bayerisches Blut verleugnet.

Unter dem gemeinsamen „Grünen Dach Europas" dem Bayerischen Wald und dem Böhmerwald, der den größeren Teil des gemeinsamen Nationalparks ausmacht, hat sich jeweils Glasindustrie, Steinbruch und Holzwirtschaft entwickelt. Auch die landwirtschaftliche Prägung in Niederbayern und Südböhmen stiftet historische Verbindungen. Wer kennt nicht die Geschichten um den Viehschmuggel in alten Zeiten? Heute floriert der Warenaustausch ohne Grenzen. Seit Erschaffung der Menschen ist der Handel der Motor für Begegnung und Bewegung. Seine Beschränkung verhindert Gemeinsamkeit und Wohlstand. Wer in und mit Böhmen Geschäfte machen will, findet Unterstützung in der deutsch-tschechischen Industrie- und Handelskammer in Prag (Tel. 00420224221200, info@dtihk.cz) oder durch die im Juni und Dezember erscheinende „Donau-Moldau-Zeitung" (Tel. 0851 802 237, dwp.sekretariat@pnp.de).

Foto: Die Niederlassung von Rohde & Schwarz in Winterberg

Schöne Begegnungen und gute Geschäfte

Euer Wenzel

AHOI! Beim letzten Blick auf unser Nachbarland Tschechien, haben wir uns die verbindenden Gemeinsamkeiten angeschaut.

Heute soll ein **verbindendes EU-Problem** mit trennenden Einstellungen und der Werbung für Verständnis der unterschiedlichen Situation Thema sein:

Fremde und Flüchtlinge

Trotz Nähe und mancher Vergleichbarkeit brechen bei diesen Stichwörtern die unterschiedliche Geschichte, sozialpsychologische Befindlichkeiten sowie unterschiedliche soziale und wirtschaftliche Situationen auf und müssen in der Diskussion berücksichtigt werden. Nicht zuletzt durch die Flüchtlinge nach dem Krieg und die Gastarbeiter in den Aufbaujahren bei uns, haben wir zu Fremden ein gelasseneres Verhältnis als unsere Nachbarn, die das Trauma jahrhundertlanger Fremdherrschaft nicht restlos überwunden haben. Endlich unabhängig sind sie noch auf dem Weg der Selbstfindung und tun sich schwerer, sich in der angebrochenen Globalisierung und in der Europäischen Gemeinschaft einzurichten.

Die politische Vergangenheit (deren kommunistische Segnungen den Flüchtlingen bis heute nicht zuteilwerden) verhindert noch eine christlich humanistische Haltung, deren Barmherzigkeit für uns ein Leitmotiv ist. Durch die Benennung von Europaheiligen versucht die katholische Kirche diese Tradition zu stärken.

Obwohl Kyrill und Method dazugehören, steht der tschechische Episkopat den islamischen Flüchtlingen sehr skeptisch gegenüber. Die tschechischen Bürger haben wenig mit Kirche, christlichen Werten und Idealismus am Hut und sehen auch dieses Problem pragmatisch, funktional, und materialistisch.

Zu der ablehnenden Haltung Flüchtlingen gegenüber, kommt in Tschechien die aufrechterhaltene Mitgliedschaft in der Višegrad-Gruppe mit Ungarn, Polen und der Slowakei. Maßgeblich wird sie von Ungarns (Orbans) Flüchtlingspolitik bestimmt.

Hl. Method · Hl. Benedikt · Hl. Kyrill
PATRONE EUROPAS

Bei seiner oppositionellen EU-Haltung bezüglich der Flüchtlinge übersehen wir, daß den Ungarn einerseits noch ein Rest von „Türkengefahr" im Nacken sitzt, andererseits wir von Orbans Sperre der Balkanroute selbst profitieren.

Von allen Schwierigkeiten bei der Integration und dem Umgang mit dem Ansturm der Fremden, aus denen wir selber erst nach und nach lernen, sollten wir uns über den Status des „Gelobten Landes" zunächst freuen und ihn entsprechend wertschätzen. Nach Tschechien drängen sich keine Flüchtlinge und die Tschechen wollen keine Kontingente, weil die zugewiesenen Menschen besserer Versorgung und Fürsorge wegen ohne dies nach Deutschland weiterziehen.

Dazu kommt auch, daß es dem relativ kleinen Land widerstrebt, von „oben" Bestimmungen übergestülpt zu bekommen. Das bei uns noch in der Experimentierphase befindliche Flüchtlings- und Integrationskonzept und die noch angespannte Sicherheitslage, werden von unseren Nachbarn neugierig beargwöhnt und abgewartet.

Ein bei uns nicht angekommenes Argument Tschechiens gegen die Übernahme von Flüchtlingskontingenten ist die bereits dort vorhandene Anzahl von Ausländern, vor allem von Ukrainern, von denen man nicht weiß, ob nicht durch den Konflikt in der Ostukraine eine größere Welle ankommt. Laut Statistik des tschechischen Generalkonsulats in München befinden sich zurzeit 516.938 Ausländer in der Republik Tschechien, darunter 115.019 Ukrainer, 110.627 Slowaken, 59.534 Vietnamesen, 36.502 Russen, 21.190 Deutsche und 20.547 Polen.

Wir werden in Europa den Flüchtlingsstrom nur gemeinsam schaffen, wenn wir einerseits das aus den christlichen Kirchen stammende Bewusstsein verbreitern, „daß wir alle Fremde, fast überall" sind und andererseits in geduldigen Verhandlungen, Humanität und Solidarität mit Sicherheit und unterschiedlichen Befindlichkeiten paaren können.

Euer Wenzel

AHOI!
Bei unserem heutigen Blick auf Europa und unseren böhmischen Nachbarn paßt dieser Gruß unter tschechischen Freunden, es geht um Urlaub. Stehen Ihre Pläne schon fest?

Wie Lebensmittel ist der Urlaub, geprägt von zivilisatorischen Elementen, zum ersehntesten Konsumgut geworden. Möglichst weit weg, exotischer Strand, möglichst „all inclusive"! Manche bleiben auch im „Ballermann" hängen. Die Branche boomt und die Angebote werden immer verlockender. Aber auch hier gilt: Überblick behalten und sich nicht „verwirtschaften" lassen!

Im Vordergrund sollten Abschalten, Erholung und Kennenlernen stehen. Bei politisch- oder umweltverantwortlichen Mitbürgern kommen noch weitere Aspekte, ein Mehrwert hinzu. So war ein Urlaub zum Beispiel in Griechenland in den letzten Jahren zur wirtschaftlichen Hilfe sehr sinnvoll. Auch Spanien und Italien brauchen als europäische Urlaubsländer mit viel Kultur und Meer Devisen. Wie man mit Lebensmitteln aus der Region zurzeit wirbt, so will ich Ihnen heute einen Urlaub in der Europaregion Donau-Moldau, vor allem in unsrem Nachbarland Südböhmen, nahebringen.

Auch die Tschechen brauchen Tourismus, weniger aus wirtschaftlichen als aus politischen und zwischenmenschlichen Gründen. Nur weil es nahe ist, wir noch einige Vorurteile haben und es nur Seen statt Meer dort gibt, muß Böhmen als Urlaubsland nicht unattraktiv und unvorteilhaft sein. Vom Wandern auf dem „Grünen Dach Europas" oder auf den vielen Flüssen ganz abgesehen.

Die Beliebtheit von Prag drückt sich in beeindruckenden Besucherzahlen aus. Weder Busse noch Fußgänger kommen dort heute leider mehr vorwärts. Die Chinesen beherrschen das Straßenbild. Ich will Ihren Blick auf das ländliche Südböhmen lenken, wo noch viel Platz ist und wo sich Landschaft und Kulturstätten zu einem erlebniswerten Ensemble zusammenfügen. Bevor ich Ihnen ein paar besondere Städte vor Augen führe, noch ein paar Bemerkungen:

Auch wenn es keine Autobahn nach Südböhmen gibt, die Straßen sind weitgehend gut. Bevor Sie mit dem Auto zum Beispiel in Augsburg sind, sind Sie entfernungsmäßig auch in Budweis. Nicht nur die "Halbe" kostet dort nur knapp über einen Euro, Benzin auch. Essen können Sie auf dem Land ab 4 €. Für die Übernachtung berappen Sie weniger als die Hälfte bei uns. Ach, Sie meinen wegen der Sprache wollen Sie da nicht hinfahren!

Können Sie denn Griechisch, Spanisch oder Italienisch? Böhmen war zweisprachig, Deutsch ist in der EU die zweithäufigste Sprache, Englisch können heute auch viele und sich in Scharaden zu unterhalten, ist ein kommunikatives Spiel, man braucht nur Mut und guten Willen. Neben Ihrem persönlichen Vorteil steht der politische Mehrwert, daß durch die persönlichen Kontakte sich die Tschechen stärker mit uns verbinden, sich den Fremden öffnen, selbst öfters nach Niederbayern fahren, die Europaregion mit uns stärken und ein Aufgehen in der Globalisierung verhindern.

Natürlich ist Böhmen auch außerhalb von Urlaub, für Wochenend-Ausflüge, für Vereine oder für Reisen der Vielzahl unsere rüstigen Pensionisten immer einen Ausflug wert. Bedauerlich, daß Touristik-Unternehmen, eine besonders völkerverbindende Branche des Handels, den südböhmischen „Markt" noch wenig erschlossen haben. Dadurch bleibt Südböhmen wenigstens etwas länger ursprünglich und Platz für individuelle Entdeckungsreisen.

Hier eine geographische Übersicht über 13 ausgewählte, südböhmische Kleinstädte mit der Bezirksstadt Budweis und dem Touristenmagnet Krumau (Český Krumlov) vorn an. Sie liegen alle relativ nahe beieinander.

Als Appetithäppchen hier eine kleine Vorstellungsrunde mit Kontaktadressen. Das Infopersonal spricht meist Deutsch. In der Saison glänzen viele Orte mit Stadt- und Bierfesten, Festivals, Konzerten und Ausstellungen:

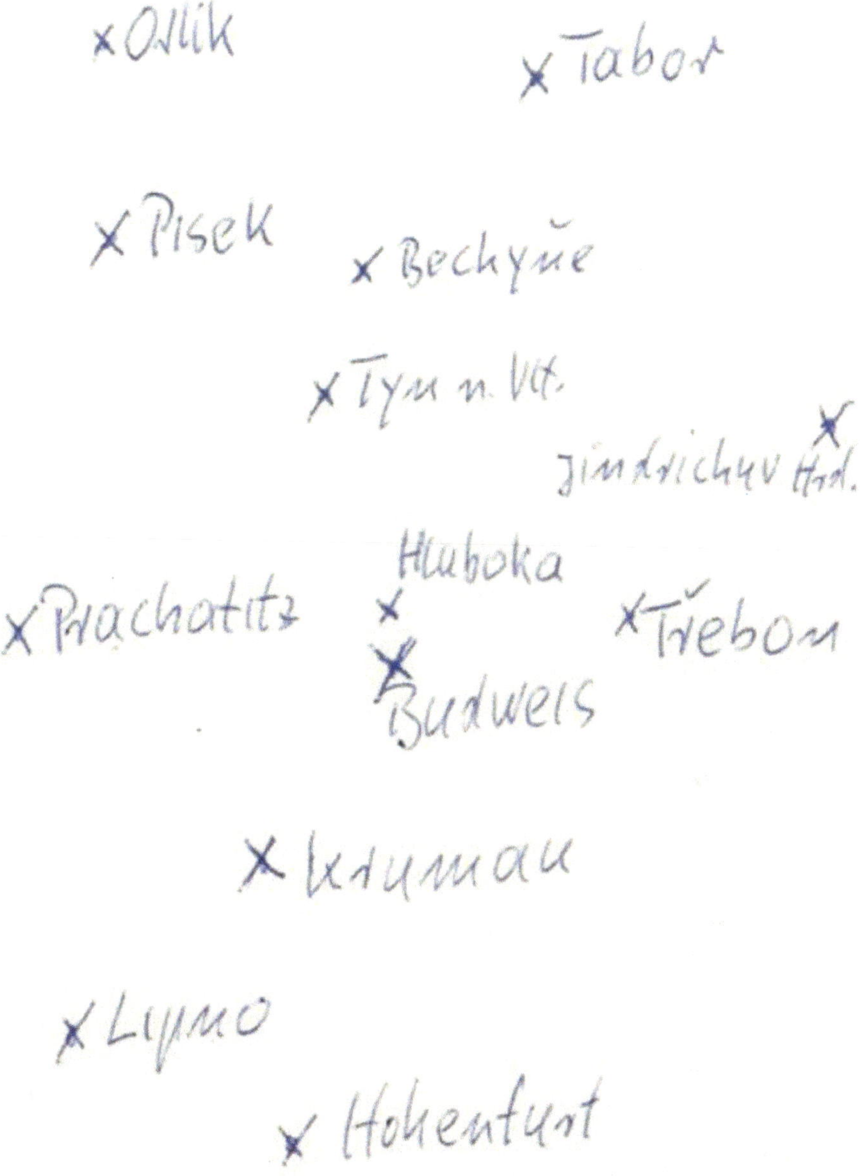

x Orlik

x Tabor

x Pisek

x Bechyně

x Tyn n. Vlt.

x Jindřichův Hrd.

x Prachatitz

Hluboka
x

x Třebon

x Budweis

x Krumau

x Lipno

x Hohenfurt

Orlik: Schloß am gleichnamigen Moldaustausee. Privatbesitz des Fürsten Schwarzenberg mit Verwaltung der böhmischen Besitzungen, sehenswerte Waffen- und Trophäensammlung. Bootsausflug zur mittelalterlichen Burg Zvíkov. info@zamekorlik.cz

Tábor: Das Zentrum der Hussiten (15.Jhdt.) mit dem Jordanteich ist nach dem biblischen Berg benannt und war Gründung der heiligen Krieger. Unter dem verwinkelten Altstadtkern befindet sich als Zufluchtsnetz ein Labyrinth. infocentrum@mutabor.cz

Písek: Alte Hussiten- und Goldwäscherstadt an der Otava, bemerkenswertes Museum, nach Regensburg zweitälteste Steinbrücke, imposantes Rathaus. infocentrum@pisek.eu

Bechyně: Schöner Stadtplatz mit imposantem Renaissance-Schloß vormals der Fürsten Paar auf einem Felsen zwischen Lusnice und Smuta. Sehenswertes Feuerwehrmuseum, Synagoge, Keramikzentrum und Kurort. info@bechyne..cz

Týn an der Moldau: Romantisches Kleinstädtchen an der Moldau mit langer Geschichte, schöner Stadtplatz mit sehenswertem Museum und Kirche. infocentrum@kultura.tnv.cz

Jindřichův Hradec: Herzförmige Altstadt zwischen See und Fluß mit mittelalterlicher Burg, umgebaut zu einem imposanten Renaissanceschloß. info@jh.cz

Hluboká: Das Schloß war als „Frauenberg" einst der Sitz der Fürsten Schwarzenberg, wurde im Tudorstil pompös nach einem Brand wieder aufgebaut. Heute beherbergt es ein Museum. Jenseits des nahen Sees liegt das Barockschloß OHRADA, heute Forstmuseum, daneben liegt der Tierpark. infocentrum@hluboka.cz   info@zoo-ohrda.cz

Budweis: Die „königliche" Metropole Südböhmens, immenser Stadtplatz mit Barockrathaus, schwarzem Turm und Dom, gelegen am Zusammenfluß von Moldau und Maltsch, südböhmisches Museum, erste Eisenbahn nach Linz. infocb@c-budejovice.cz

Třeboň: Vormals „Wittingau" ist ein historisches Zentrum der Teichwirtschaft. Sehenswertes Schloß, Englischer Garten, Dominikanerkloster und schöner Stadtplatz. tic@itrebon.cz

Prachatitz: Reich geworden am Goldenen Steig durch den Salzhandel beeindruckt u.a. der unveränderte Renaissancestadtplatz, die Dekanatskirche und das Píseker Tor. infocentrum@kisprachatice.cz

Krumau: Das wohl bekannteste Kulturidyll Südböhmens mit der Rosenberger Burg, den Gartenanlagen inkl. Theater oben und der Mittelalterstadt in der Moldauschleife unten. info@ckrumlov.cz

Lipno Stausee: Die angestaute Moldau mit beeindruckendem Böhmerwaldpanorama ist zum Sport- und Erholungszentrum für Sommertouristen geworden. Das Stiftermuseum und der Schwarzenberger Schwemmkanal sind lohnende Abstecher. infocentrum@lipno.info.cz

Hohenfurt / Vyšší Brod: Schon ganz im Süden, an der Grenze zu Österreich schließt das wiederbelebte Zisterzienserstift die Runde der Sehenswürdigkeiten und Erholungsorte ab. Kirche, Kreuzgang und Bibliothek erinnern an die vormals hochstehende christliche Kultur, die das Nachbarland zur Blühte führte. Das nahegelegene Kloster Goldenkron mit seiner gotischen Kirche ist ein weiteres Beispiel. infocentrum@mestovyssibrod.cz

Euer Wenzel

AHOI!
Heute wollen wir durchs Rathausfenster einen kurzen Blick auf die aktuellen Ereignisse in unserem EU-Nachbarland Böhmen werfen.

Wir feiern ja beide heuer den 100.Geburtstag unserer Republiken und das sollte doch Anlass sein, einen Blick aufeinander zu werfen. Ohne Wissen voneinander auch kein Erfolg miteinander! Mal sehen was Radio Prag (www.radio.cz/de) diese Woche so alles an Aktualitäten meldet:

Ist bei Ihnen angekommen, daß nach dem Wahlsieg vor neun Monaten der Partei ANO unter dem Multimilliardär Babiš, der anschließend in einer Minderheitsregierung – toleriert von den Rechtsextremisten und den Kommunisten – die Regierung führte, jetzt unter Beteiligung der Sozialdemokraten ein neues Kabinett bestellt wurde? Dort sind neun Ministerien von ANO und fünf von den Sozialdemokraten besetzt. Trotz des neuen Koalitionspartners ist das Kabinett in einer Minderheitsregierung weiter auf die Tolerierung durch die Kommunisten angewiesen. Der Kandidat für das Außenamt wurde wegen seiner offenen Haltung zur Migration vom Präsidenten abgelehnt.

Die Kommunisten machen ihre Unterstützung der neuen Regierung davon abhängig, daß die Vereinbarungen mit den Kirchen von 2012 korrigiert werden und die für die Enteignung der Kirchen beschlossenen Ausgleichzahlungen in Höhe von 2,3 Mrd. € (in 30 Jahren) versteuert werden. Schon im Vorfeld äußerten sich beide Koalitionspartner selbst in diese Richtung.

Ein slowakisches Gericht hat den Vorwurf an Ministerpräsident Babiš, für den kommunistischen Geheimdienst gearbeitet zu haben, erhärtet.

Obwohl der tschechische Ministerpräsident am EU-Gipfel zur Migration Anfang Juli selbst nicht teilgenommen hat, sieht er sich mit den Višegrad-Kollegen wegen Aufgabe der Quotenregelung und stärkerem Schutz der Außengrenzen als Sieger und in der ablehnenden Haltung gegenüber Migranten bestärkt. Trotzdem gab es Rempeleien mit Merkel und Seehofer, die weiter Unstimmigkeiten verdeutlichen.

Die EU fordert von der Tschechischen Republik 292 Mio. € Agrarsubventionen zurück. Die Prüfung der Anträge sei mangelhaft gewesen und die Mittel seien statt in kleine und mittlere Betriebe in große, wie zum Beispiel den früheren AGROFERT-Konzern des Ministerpräsidenten geflossen.

Unter Protest verließen die Romavertreter den Regierungsausschuss für Minderheiten. Dort wurde eine Verordnung beschlossen, nach der Kommunen zu „leistungsfreien Zonen" erklärt werden können und dann keine Sozialleistungen, die vor allem den Roma zugutekämen, mehr zahlen müssen.

Das Nationalgetränk Bier – die Tschechen sind Weltmeister in dessen Genuss – wird immer stärker in Minibrauereien gesotten. Soeben gab es zwei Festivals in Prag, auf denen sich 64 Kleinstbrauereien präsentierten. Insgesamt zählt das Land 400 kleine Privatbrauereien.

Im Auswärtigen Ausschuss des Parlaments nannte der Ex-Außenminister Vietnam ein ernstes Sicherheitsrisiko. Dort läge der Brennpunkt des organisierten Verbrechens, das für die Produktion des Rauschgiftes Crystal Meth verantwortlich sei. Sein Export nach Deutschland stelle das Hauptproblem der bilateralen Beziehungen dar. In Tschechien sind im vergangenen Jahr 260 illegale Labors ausgehoben worden.

Nehmen wir mit Selbstgefälligkeit oder mit Hilfsbereitschaft Anteil an den Problemen unserer Nachbarn?

Gruß Euer Wenzel

Foto: Veitsdom in Prag

September: Von der Idee von Europa zur Europaregion Donau-Moldau (EDM)

AHOI! Lassen Sie mich heute mit der Tür ins Haus fallen. Was bedeutet für Sie Europa?

Also ich denke dabei an eine grenzüberschreitende Gemeinschaft und offene Zusammenarbeit zum gemeinsamen Wohl. Wenn ich länger nachdenke, fällt mir die griechische Mythologie, das christliche Abendland, die Geographie unseres Kontinents, die seit dem ersten Jahrtausend bestehenden Bemühungen um ein vereintes politisches Gebilde und die Friedensbemühungen der Europaväter nach den Gräueln des Zweiten Weltkrieges ein. An die Richtlinien und Fördermittel denke ich erst in zweiter Linie.

Wenn man nur zurückschaut und der Idee von Europa in 27 Ländern nachspürt, läuft Europa Gefahr zu verdunsten oder man bleibt an Nationalismen hängen. Deshalb sollte man Europa an der eigenen Grenze und an den aktuellen Erfordernissen zu gedeihlichem Miteinander festmachen und darauf auch das eigene Engagement konzentrieren. Bewusstsein und Mitverantwortung des einzelnen Bürgers, die Zivilgesellschaft (zum Teil gegen Populisten) sind hier gefordert. Diese auch aus moralischer und theologischer Sicht einzufordern, hat sich soeben bei der Übernahme der EU-Ratspräsident-Schaft durch Österreich die dortige Bischofskonferenz bemüht. In der Schlusserklärung ihrer Vollversammlung in Mariazell schreibt sie: „Christen sind aufgerufen, nach dem Maßstab des Evangeliums am Bauplatz Europa mitzuarbeiten."

Auch die Politik weiß, daß sie den Mehrwert von Europa den Bürgern noch stärker nahebringen muss. Schon 1993 – also vor genau 25 Jahren – begann sie, für das Konzept eines Europas der Regionen auch Strukturen zu schaffen. Dadurch sollte einerseits gewachsenen Einheiten mehr Gewicht gegeben und andererseits einer Globalisierung Grenzen gesetzt werden.

So wurde in Freyung die EUREGIO Bayerischer Wald – Böhmerwald installiert. Ihre Aufgaben sind unter anderem: Initiierung von Projekten, Beratung, Förderung und Vertretung. Dies gilt für alle Lebensbereiche. Erweitert durch die „Europaregion Donau-Moldau" (EDM) vor ca. 15 Jahren, sollten mit Experten zu den fachlichen Bereichen wie Verkehr, Ökologie, Tourismus, Arbeitsmarkt etc. Beratungsblattformen gebildet werden.

Weiter wurde die EUREGIO durch die Ansiedlung eines Zentrums für Sprachkompetenz erweitert. Ebenso wurde bei ihr unter dem Namen „Europe Direct" ein Informationszentrum der EU-Kommission angesiedelt. Der nächste Schritt zu stärkerer Unterstützung der Kommunen und Bürger war die Hereinnahme des „Amtes für ländliche Entwicklung". Letzte Abrundung der bürgernahen Angebote war letztes Jahr die Einrichtung eines Gemeinschaftsladens mit der Bezeichnung „dreimalig" (Bayern, Tschechien, Österreich). All diese Stellen sind im „Europahaus" in Freyung zusammengefasst.

Foto: Europahaus in Freyung

Ein weiterer Ausbau zu einem „Europäischen Verbund zur territorialen Zusammenarbeit" (EVTZ) ist in Planung. Dadurch sollen Europagelder abgesichert werden. Insgesamt stehen ca. 20 Mitarbeiter/innen in Freyung für uns zur Umsetzung von Europa zur Verfügung.

Um diese aufgebaute Struktur zur Förderung grenzüberschreitenden Miteinanders mit unseren Nachbarn auch wirklich zum Tragen zu bringen, sind neben der Finanzierung vor allem zwei Dinge notwendig:

1. Müssen die Bürger dieses administrative „Hilfsangebot" auch tatsächlich nutzen und
2. Dürfen die Mitarbeiter dieser Stellen nicht wie z. Z. von Bürokratie und Finanzkontrollen blockiert werden. Für Ideenschmiede und Bürgerinitiative braucht Europa Power von unten!

Sind Sie dabei?

Euer Wenzel

AHOI!
Heute, Freunde, geht es um die eigene Sache, nicht um mich und nicht um die Gemeindebroschüre, sondern echte Rathausfenster.

Sie mögen unauffällig und harmlos erscheinen, sind aber eine spannende Trennscheibe zwischen innen und außen, Politik und Bürger, Macht und Volk, Himmel und Erde. Bei den geheimen oder zwischenmenschlichen Vorgängen hinter den Fenstern in den Amtsstuben, wollen wir einmal ein Auge zudrücken. Wir befassen uns heute mit bewegenden, ja historischen Ereignissen, in deren Mittelpunkt bzw. an deren Ausgangspunkt das Fenster der Amtsstube stand, mit den böhmischen Fensterstürzen. Erinnern Sie sich noch an Ihren Geschichtsunterricht? Ich fühlte mich nicht berufen ihn aufzufrischen, wären die Fensterstürze nicht ein böhmisches Spezifikum mit katastrophalen Auswirkungen für ganz Europa.

Schon im ausgehenden Mittelalter zeigte sich das explosive Gemisch aus religiösem Fanatismus und Nationalismus und dem „Minenfeld" an den Ost-West-Grenzen bzw. den Konflikten mit den slawischen Nachbarn. Fensterstürze waren die Auslöser verheerender Kriege in der älteren Geschichte, Nationalismus und National-Sozialismus, Hintergründe der Weltkriege der jüngsten Geschichte, die alle ihren Ausgang in Mittel-Ost-Europa nahmen.

Der folgenreichste Fenstersturz ist der von 1618. Er war der Auslöser, des auch uns so belastenden Dreißigjährigen Krieges. An den Westfälischen Frieden ist heuer beim Katholikentag in Münster gedacht worden. Dem Auslöser, der sich heuer zum 400.Mal jährt, wurde weniger Aufmerksamkeit geschenkt. Wir Bayern waren von dem dreißigjährigen Gemetzel nicht nur als Nachbarn besonders in Mitleidenschaft gezogen, sondern auch betroffen, weil sich unser Kurfürst Maximilian seinem „Vetter" Friedrich von der Pfalz, dem sogenannten Winterkönig, gegenüberstand. Was war passiert?

1617 hatte der österreichische Kaiser seinen Hauptsitz von Prag wieder nach Wien verlegt. Damit war das Königreich Böhmen vom administrativen Zentrum zu einem der zahlreichen Nebenländer herabgesunken. In Prag setzte der Kaiser zehn Statthalter ein. Sie verfolgten die Einschränkung der Privilegien der Stände und der zugestandenen Religionsfreiheit derart, daß es zur Revolte und Sturm auf der Burg kam. Oberstburggraf Adam von Sternberg und der Großprior der Malteser, Diepold von Lobkowicz, wurden aus der Burg geführt, um ihnen den Anblick einer Exekution zu ersparen. Zwei Statthalter und ein Geheimschreiber wurden dann zum Fenster der Amtsstube hinausgeworfen. (siehe Foto)

Dank Unrats und Strauchwerks im Burggraben kam niemand ums Leben, was als Wunder den Katholiken zugutekam. Nach der Wahl des evangelischen Wittelsbachers, Friedrichs von der Pfalz, zum böhmischen König und der Lagerbildung der Parteien in Liga und Union, nahm die bewaffnete Auseinandersetzung unter Teilnahme der Schweden ihren bekannten Lauf.

Trotz des Sieges der „Kaiserlichen" 1620 am „Weißen Berg", dauerte das Morden und Brandschatzen in verschiedenen Wellen bis 1648.

Die Premiere eines Prager Fenstersturzes fand knapp 200 Jahre früher statt. Er war der Auslöser, der bis in die Oberpfalz sich erstreckenden Hussitenkriege. Am Anfang stand eine hussitische Prozession, die zum Befreiungskommando im Rathaus inhaftierter Glaubensbrüder mutierte. Dabei wurden 13 „Schöffen" aus dem Fenster geworfen, die zu Tode kamen. Es folgten Plünderungen bei Katholiken und Juden und führte über einen Volksaufstand zu Radikalisierung und Krieg. Auch innere Richtungskämpfe beendeten nach 15 Jahren des Schreckens diesen Glaubenskrieg mit nationalen Elementen. In einer Vereinbarung wurde ein Kompromiss (1434) festgeschrieben.

Die Verbindung des ersten und dritten Prager Fenstersturzes zeigt deutlich der zweite im Jahr 1483. Während einer Pestepidemie suchte König Vladislav Zuflucht in Mähren. In Prag brachen Versorgungs-Schwierigkeiten aus, die zu Unruhen führten. Den Ratsherren wurden von der mehrheitlich hussitischen Bevölkerung restaurative Religions-Politik, Rechtsbeugung und Bestechlichkeit vorgeworfen. Der Sturm auf drei Rathäuser war nicht aufzuhalten. In der Neustadt wurden die Amtspersonen niedergemacht, verstümmelt und aus den Fenstern geworfen. Es folgten Plünderungen, die Einsetzung neuer Stadthaupt-Leute, Zwang zum Hussitentum, Gerichtsverfahren und Hinrichtungen. Unter König Vladislav fand ein Jahr später ein Vergleich statt. Der Kompromiss von 1434 wurde wieder in Kraft gesetzt und die Katholiken und die Hussiten mussten sich zu religiöser Toleranz verpflichten.

Das Muster der Fensterstürze blieb sich trotz Unterschieden gleich:

Welt- und (wert)-anschauliche Konflikte, soziale Spannungen, nationaler Identitätskonflikt, schwache Staatspräsenz, bürgerliches Aufbegehren gegen die politische Autorität waren immer wieder ein auslösender Stressfaktor. Haben wir aus diesen menschlichen und geschichtlichen Dramen, die sich nicht nur auf die Fensterstürze und Böhmen beziehen, etwas gelernt?

Foto: Die Eichendorfer Rathausfenster jedenfalls füllen glückliche Bürger und das Rathausfenster interessante Blicke nach außen.

Euer Wenzel

AHOI!
Heute liebe „Rathausfreunde", will ich Euch in meinem Bemühen, Euch Euren Nachbarn Böhmen näherzubringen, auf einen in der Gemeinde angefahrenen „Zug" in Richtung Osten aufmerksam machen, auf den Ihr aufspringen könnt.

Wenn schon vor Ort Geleise gelegt sind, wäre es schade, die Chance zu einer Entdeckungsreise nicht zu nutzen. Der in Reichstorf wohnende Graf Deym hat mit dem Ziel verstärkter Zusammenarbeit mit Tschechien, im Sinne der Europaregion Donau-Moldau, nicht nur ein grenzübergreifendes Netzwerk aufgebaut, sondern als Anlaufstelle mit deutschen Jugendlichen ein historisches Gemäuer in Böhmen saniert. Das sogenannte „Jugendschloß Dražíč" steht für Gruppenfahrten, Vereinsausflüge und vor allem Jugendarbeit der Vereine offen. Mit seiner Barockkapelle eignet es sich besonders für christlich orientierte Gruppen. Auch Touristikunternehmen finden hier eine interessante Anlauf- oder Informationsstelle jenseits der Grenze.

Dražíč liegt im Kreis Budweis, der „königlichen Stadt" in Südböhmen, der Urlaubsregion der Tschechen. Von der Grenze aus sind es hundert Kilometer, vom Böhmerwald weg ist es etwas näher als von Prag (115 km). Umgeben von viel Natur und von frisch aufgeblühten Dörfern und Kleinstädten sind die Moldau und ihre Nebenflüsse in Reichweite.

Das Schloss liegt laut Graf Deym in einem abgeschlossenen Areal am Rande eines kleinen Dorfes mit zwei Gasthäusern. Als Selbstversorgerhaus legt es Wert auf Eigen- und Mitverantwortung. Mit drei Aufenthaltsräumen, einem Leseraum, einem Spielzimmer, zwei Küchen, Bädern und fünf Schlafräumen, gibt es Platz für +/- 25 Leute. Mit viel Gelände ums Haus und einem Toilettenwagen ist auch Gelegenheit zum Zelten geboten. Eine Ansprechperson vor Ort steht zur Verfügung. Da der Betrieb nicht wirtschaftlich, sondern ideell orientiert ist, wird ein Unkostenbeitrag einzeln ausgehandelt.

Ein Aufenthalt in Böhmen hat nicht nur den Reiz des Ungewöhnlichen, sondern festigt auch die Partnerschaft der Regionen und der Diözesen Passau und Budweis. Die historische Herausforderung Europa nicht nur zu fordern, sondern auch selber mitzugestalten, wird durch neue Begegnungen, ehrwürdige Kultur, beeindruckende Natur und wirtschaftliche Anreize zum individuellen Gewinn.

Vielleicht könnt Ihr, liebe Gemeindemitglieder, bei den jetzt anstehenden Planungen für das Jahr 2019, die Vorarbeit von Graf Deym nutzen. Seine Arbeit könnt Ihr unter www.schloss-Dražíč.eu verfolgen. Für Beratung und Vermittlung stellt er sich sicher gerne zur Verfügung (graf.deym@mimnet.com). Auch ein Flyer liegt vor.
Ihr könnt Euch aber auch bei mir über die Gemeinde melden, ich habe einen guten Kontakt zu ihm.

Bis bald Euer   Wenzel

AHOI!
Begleiten Sie mich heute auf die Jahreskonferenz der Europaregion Donau-Moldau (EDM)?

Alleine macht es nicht so viel Freude und ich habe dann eine Begleitung, die die Botschaft weiterträgt. Und damit es Ihnen nicht langweilig wird, setze ich Ihnen kein steriles Protokoll vor. Ach, Sie wollen wissen wohin die Reise geht?

Wir fahren in die Hauptstadt der Vysočina (mit Hatschek auf dem „c", damit wird es zum „tsch"). Die Vysočina ist die böhmisch-mährische Höhe und ein Landkreis, der auf der Grenze zwischen Südböhmen und Mähren liegt. Ein sehr abwechslungsreiches Hügelland, wie bei uns zwischen den Flüssen.

Seine Hauptstadt hat heute den schönen tschechischen Namen Jihlava. Zu „unserer" Zeit hieß sie Iglau, was auch schön und ein bisschen nach „Au der Igel" klingt. Iglau war eine an Kultur und Wirtschaft reiche Stadt, bedeutendste Silberbergbaustadt Europas und Hauptort der deutschen Sprachinsel. Heute finden jährlich von der Ackermann-Gemeinde initiierte Gespräche mit hohem Niveau dort statt. Auf der Karte müssen Sie sich Jihlava ca. 70 km östlich von Tábor, über Pelhřimov/Pilgram (hier ist das Hatschek auf dem r) hinaus, vorstellen.

Nach Jihlava wurde zu der Jahreskonferenz eingeladen, weil heuer die Vysočina den Vorsitz der EDM hat. Das spiegelte auch der Teilnehmerkreis wider. Fast die Hälfte der Teilnehmer war aus dem Landkreis. Dafür vermisste ich den Vorstand und die Geschäftsführer vieler regionaler Stellen. Die Hauptgeschäftsführerin Frau Sadravetz, mit Sitz in Linz, war nicht nur anwesend, sondern trug in einem privaten Meinungsaustausch, in dem sie sich auch für das Rathausfenster interessierte, zur Abrundung der Reise bei.

Die Kreisverwaltung ist in einem neuen, supermodernen Bau untergebracht, nach dem wir uns nur die Finger abschlecken können. Wir tagten in der Kongresshalle B 3.16.

Zum Programm: Frau Frysova und Herr Holy von der Kreisverwaltung berichteten im ersten Teil von den Jahresaktivitäten der EDM. Damit wurden die sonst vorgestellten bunten Produkte der zahlreichen Arbeitskreise auf einige Aktivitäten konzentriert, z.b. eine Studienreise für Bürgermeister, Erarbeitung von Entwicklungs-Strategien für Gemeinden, einen Führer zu den schönsten Fahrradtouren in der EDM, Schülerwettbewerbe oder eine EU-Woche der Nachbarn. Aus geographischen Gründen spielt Niederösterreich die Hauptrolle bei vielen Aktivitäten. Ein Podium aus Bürgermeistern beschäftigte sich in einem weiteren Programmpunkt mit Mitteln gegen Abwanderung.

Abschließend wurde eine Handvoll Gemeinden im Sinne einer „Best-Practice-Vorstellung" mit einem Preis ausgezeichnet. Die Gestaltung des Preises war als Wettbewerb an Kunstschulen ausgeschrieben. Unter den glücklichen Gewinnern waren die niederbayerische Gemeinde Weihmichl und aus der Oberpfalz die Marktgemeinde Lahm.

Im nächsten Jahr geht der Vorsitz nach Oberösterreich in die Geschäftsstelle nach Linz.

Die Europastellen in Freyung sind nicht „Außenstellen" von Brüssel, sondern Bürgerbüros zur bürgernahen Nutzung der Programme. Wer sich weiter informieren möchte oder Vorschläge für Projekte und Aktivitäten hat, findet in Freyung info@euregio-bayern.de

Bis Januar

Euer Wenzel

Januar: Die neue, bayerische Staatsregierung in Europa

AHOI!
Vor dem Hintergrund der Bayerischen Verfassung, haben die neuen Regierungspartner soeben ihr Programm für die begonnene Legislaturperiode verabschiedet.

Mit viel Engagement und Geld versuchen sie, das Wohl von Land und Bürgern zu sichern und zu verbessern. Aber wie sagte schon J. F. Kennedy bei seiner Antrittsrede am 20. Januar 1961 im Weißen Haus: „Frage nicht, was Dein Land für Dich tut, sondern frage, was Du für Dein Land tun kannst". Es gibt in unserem Land und Europa sehr viele staatlichen Programme und Geld. Gibt es auch genug bürgerliches Engagement, Konsens und Zusammenhalt? Das gilt von der Gemeinde bis Europa.

Zu letzterem titelt der Abschnitt V 3 des Koalitionsvertrags: „Für ein starkes Bayern **„im Herzen Europas".**

Darin gibt die Staatsregierung in einigen Passagen auch Hinweise für uns zum Umgang mit unseren Nachbarn.

u.a. Wir wollen ein Europa der Bürgerinnen und Bürger…
für ein starkes Bayern im Herzen Europas
[…]
Die Koalitionspartner vereinbaren:

Wir wollen ein **Europa der Bürgerinnen und Bürger.** Es gilt das Subsidiaritätsprinzip mit Leben zu füllen.

Wir sind für eine europäische Aufgaben- und Kompetenzkritik und stellen die Frage: Was kann zurück auf die nationale oder bayerische Ebene? Wir möchten Europa näher an die Menschen bringen, indem wir insbesondere öffentliche und ergebnisoffene Bürgerdialoge zur Zukunft Europas in Bayern organisieren und durchführen. Wir wollen die europäische Zivilgesellschaft stärken, z. B. durch den Ausbau von Städtepartnerschaften.

Wir wollen die Rolle der **Regionen in der EU stärken.** Zusammen mit unseren europäischen Partnern wollen wir die Mitwirkungsrechte der Regionen stärken. Unser Ziel ist es, den Ausschuss der Regionen gegenüber dem Ministerrat und dem Europaparlament erheblich zu stärken.

[...]

Wir werden **Europapolitik aktiv mitgestalten.** Alle Ressorts der Staatsregierung sollen sich bei europapolitischen Themen aktiv einbringen. Dazu werden wir die Koordination innerhalb Bayerns und mit der Bundes- sowie der EU-Ebene stärken. Wir werden auch die Zusammenarbeit mit allen bayerischen Europaabgeordneten intensivieren, um auch künftig im Europäischen Parlament so effektiv wie möglich unsere bayerischen Interessen einzubringen. Ebenso setzen wir uns für eine Stärkung des direkten europapolitischen Austauschs mit anderen Staaten und Regionen in Europa ein.

[...]

Wir wollen die **internationalen Kontakte Bayerns** in Europa und darüber hinaus weiter pflegen und ausbauen. Bayerns Entwicklung als Exportland mit starker eigener kultureller Identität ist nur denkbar mit einem weltoffenen Charakter und einer aktiven Wahrnehmung der Chancen in Europa und der Welt. Innerhalb Europas ist Bayern Brückenbauer zwischen Ost und West, gerade im Donauraum. Unsere gute Nachbarschaft zu Tschechien ist uns dabei besonders wichtig. Wegen der Besonderheit der gemeinsamen Geschichte kommt der Repräsentanz des Freistaats Bayern in der Tschechischen Republik eine besondere Bedeutung zu. Wir wollen die EUREGIO-Zusammenarbeit fortsetzen. Bayern steht zu den transatlantischen Beziehungen als tragender Pfeiler der westlichen Welt. Wir pflegen unser Netzwerk mit unseren Partnerregionen und den Nachbarn der Europäischen Union.

Wir fördern den europäischen und internationalen **Jugendaustausch.** Mit einem neuen bayerischen Auslandsinstitut wollen wir ein internationales Netzwerk für den Jugendaustausch gründen. Aufgrund der gemeinsamen Geschichte Bayerns und Böhmens liegt uns dabei besonders die Stärkung des Austauschs mit Tschechien am Herzen.

Ein gutes Jahr 2019 mit neuem Schwung und viel Glück für Europa!

Euer Wenzel

AHOI!
Heute geht's wieder nicht zur See, sondern in die Berge, in den Wald, in den Böhmerwald.

Auch wenn er jetzt kalt und verschlafen erscheint, verbirgt sich unter der Zudeck – auch unseres oberflächlichen Wissens – eine spannende Welt voller Leben und Geschichte. Unsere europäischen Ostnachbarn nennen den Böhmerwald Šumava, die Rauschende.

Auch wenn am Hauptkamm eine politische Grenze Menschen und Land trennt, das Urgebirge an unserer Ostflanke und das Jahrtausend alte Leben in und mit ihm sind eins. Bayerischer Wald und Böhmerwald gehen bei uns unterschiedslos in „der Wald " ineinander auf. Sicher auch, weil unsere Sudetendeutschen ihre Heimatliebe und Kultur mitgenommen und unsere ergänzt haben. Die Grenze „im Wald" verbindet und trennt, macht einen besonderen Strich in ihm aus. Nicht nur um ihn ranken Schicksale und Geschichten, sondern der ganze Wald erweckt in uns Empfindungen wie „dunkel, wild, geheimnisvoll".

Nicht nur Mythen und Sagen ranken sich um das Undurchdringliche, sondern auch Dichter beschreiben und besingen den Zauber unserer Hausberge. Die „Walddichter" Stifter und Klostermann haben wesentlich zu unserem heutigen Bild und Verständnis der „Waldeinsamkeit" beigetragen, die wie „rauch-grüner Teppich über weit geschwungene Bergsilhouetten zwischen Donau und Moldau sich breiten". Fernab der herrschaftlichen Höfe der Wittelsbacher ging „der Wald" und sein Leben andere Wege und schlug einen anderen Zeittakt als die Alpen und der Pfälzer Wald. Geologisch, wirtschaftlich und kulturell ist ihnen wenig gemein.

Lassen Sie uns dem genetischen Fingerabdruck des „Waldes" hinter Gefühlen und dem sozialen Gedächtnis nachspüren. Er entzaubert ihn nicht, sondern macht ihn noch reizvoller. Nach der Eiszeit verwandelte sich die arktische Tundra vor ca. 6000 Jahren langsam in einen gemischten Bergwald.

Heute ist er als „Grünes Dach Europas" mit seinen eingelagerten Filzen der größte zusammenhängende Wald in Europa und ein Nationalpark, dessen größerer Teil in Böhmen liegt. Streng geschützt ist seit 1857 ein erhaltenes Stück Urwald am Hang des Kubany/Boubin (1362 m).

Bild: Böhmerwaldimpression aus der Nähe von Srni/Rehberg von Vaclav Sklenar

Der „Wald" ist eine europäische Wasserscheide zwischen Schwarzem Meer und Nordsee. Im 19. Jahrhundert trick_sten die Ingenieure des Fürsten Schwarzenberg wegen des lukrativen Holzhandels die Geographie aus, so daß Holz über Schwemmkanäle in die großen Wasserstraßen in beide Richtungen geleitet werden konnte.

Unweit von Mader/Modrava befindet sich die höchste Fundstelle vorgeschichtlicher Siedlungen aus der Steinzeit. Vor der Eiszeit bevölkerte eine Reihe von Urtieren wie Waldelefant, Höhlenlöwe, Auerochse etc. die von Wiesen durchbrochenen Wälder. In der Eiszeit lebten arktische Tiere wie Mammut, Schneeleopard und Wollnashorn in diesem Gebiet. In den weitläufigen Waldgebieten hielt sich auch der

Bärenbestand länger als anderswo in Mitteleuropa. Das Vorkommen erlosch vermutlich erst 1875 endgültig.

Nach der Siedlung der Bajuwaren in Bayern (siehe Wortstamm: Bajjahaima, Boier, Boiohaemum, Bohaemia, Böhmen) beauftragten die bayerischen Herzöge die großen Klöster in der Diözese Passau und Regensburg mit der Rodung des Waldes und der Sicherung der Grenze gegen die Slawen. Dafür bekamen sie Land und Privilegien. Langsam bildeten sich Landesgrenzen und Machtbereiche heraus, die geschützt werden mussten. Dazu wurden von bayerischer Seite die „Künischen (= Königlichen) Freibauern" und die „Choden" auf böhmischer Seite weiter oben eingesetzt und privilegiert. Noch zur Zeit des lukrativen Salzhandels – ab 1029 bis zum Mittelalter – von der Donau aus über den „Böhmweg" oder „Goldenen Steig" waren die Wälder gefährlich.

Nicht zu Unrecht fürchteten auch in der Geschichte des 20.Jahrhunderts die Tschechen „Überfälle der germanischen Nachbarn" und so umgaben sie ihr Land in den Wäldern mit Grenzbefestigungen à la Maginotlinie. Sie blieben unbenutzt und so kann man sie heute noch im „Wald" als Mahnmal sehen. Zu besserem Schutz nach 1945 wurde der „Eiserne Vorhang" durch den Wald gezogen. Er sollte nach innen und außen die Grenze als Todesstreifen unpassierbar machen und erfüllte mit Blutzoll 50 Jahre (bis 1989) seine traurige Aufgabe. Wurde aus dem Todesstreifen später das wertvolle „Grüne Band", so blieb teilweise das entvölkerte böhmische Hinterland eine wirtschaftliche und soziale Problemzone. Der westliche Lauschposten in Haidmühle wurde ausgebaut und zur sensibelsten Infraschall-Kontrollstation der Vereinten Nationen in Europa.

War im „Wald" das Leben noch Anfang des 20.Jahrhunderts hart, im Steinbruch, der Glashütte, der Holzwirtschaft – Aus- und Abwanderung, Hausieren dann Pendeln waren „Auswege" – so begann Ende des 20.Jahrhunderts mit dem Tourismus, dem Wintersport, der Verbesserung der Infrastruktur und der Ansiedlung von Wirtschaftsbetrieben der Aufschwung, auch auf Kosten der Romantik und Mystik. Durch die Abwanderung vorher holte sich z. B. der Wald die Siedlung Leopoldsreut wieder zurück.

Auf der östlichen Seite des „Waldes" lief die Entwicklung nach ihrer kriegsbedingten Entvölkerung (1945-1948) und Neubesiedlung mit entwurzelten Bürgern aus der Slowakei bis heute langsamer.

Erst mit der Gründung der „EUREGIO Bayerischer Wald – Böhmerwald" (1993) gelang es, dem Gebiet an den Grenzen wieder Aufmerksamkeit und Förderung zwischen den Ballungszentren zukommen zu lassen. Damit wird auch der Blick wieder auf den ganzen „Wald" mit seiner Geschichte, Einmaligkeit und Attraktionen gelenkt und der gemeinsame Dialog über Probleme wie Borkenkäfer und Tourismus gefördert. Bleibt zu hoffen, daß der Konsumtourismus, für den die Chinesen (Nordvietnamesen)-Märkte symbolhaft stehen, die wahre Kraft des „Waldes" erkennt und das Prädikat „EU"(= „gut" im Griechischen), die REGION nicht nur zu einer geographisch zentralen und florierenden, sondern auch zu einer lebenswert „guten" macht.

Euer Wenzel

März: Das Europagefühl der Tschechen und die Europawahl

AHOI!

Eigentlich wollte ich Ihnen heute mit Blick auf Europa die künftige Arbeit der Europaregion Donau-Moldau (EDM) vorstellen.

Sie hat eine mittelfristige Strategie mit dem Leitthema „EDM – Raum für Gesellschaft 4.0" entwickelt und veröffentlicht. Das verschiebe ich noch etwas und werfe mit Ihnen, im Vorfeld der Europawahlen im Mai, einen Blick auf die Situation und Stimmung bei unseren Nachbarn in Bezug auf EU und Wahlen.

Obwohl die Tschechen keine Europafans sind, hat sie der Brexit schwer erschüttert. England ist für Sie nicht nur ein wichtiger Exportpartner, sondern war das Land, in dem ihre Exilregierung residierte und in das sie nach dem Prager Frühling bevorzugt auswanderten. Auch nach der Samtenen Revolution 1989 öffnete England seine Tore während wir für den Zuzug von Arbeitskräften uns eine Übergangsfrist ausbedingten. Ferner schwächelt die tschechische Regierung immer noch wegen juristischer Vorwürfe gegen den Premier und der Unkonventionalität des Präsidenten. Obwohl es Tschechien sowohl zum Ende der Habsburger Monarchie als auch in den 15 Jahren in der EU so gut wie nie zuvor ging, hält sich dort das Gefühl des Diktates von außen.

Bei der letzten Europawahl wurden vor allem die vergleichsweisen hohen Tantiemen in der EU diskutiert und dementsprechend wurden die Posten in Brüssel und Straßburg als luxuriöses Abstellgleis für ausgediente Politiker verteilt. Diese Einstellung schlug sich in der geringsten Wahlbeteiligung in der Geschichte nieder. Vergessen ist auch nicht, daß die tschechische Regierung ihren Vorsitz in der EU nicht durchstand.

Journalisten in Tschechien mit Überblick machen sich über die Entwicklung der EU bezüglich ihrer Ostmitglieder Sorgen. Lubos Plata titelt zum Beispiel im „ Landesecho": „Europawahlen entscheiden: Was wird aus der Demokratie?"

Foto: Der vormalige Ministerpräsident Petr Nečas im Gespräch mit Paneuropa Präsident Bernd Posselt im Tschechischen Zentrum in München.

Er sieht weder die Migration noch den Terrorismus noch Verschuldung als die zentralen Probleme, sondern die Frage, was mit Ländern passieren soll, die aufhören demokratische Rechtsstaaten zu sein. Hier sind Polen und Ungarn in der Višegrad-Gruppe problematische Kandidaten. Auch in Tschechien sieht man also, daß die Populisten aus Frankreich, Deutschland, Italien, Polen und Ungarn nur durch eine starke und proeuropäische Wahlbeteiligung in Schach gehalten und unsere Werte und Freiheit erhalten werden können. Dass auch die Tschechen das sehen und verstehen, sollten wir nicht nur hoffen, sondern besser vermitteln.

Euer Wenzel

AHOI!
Wie geht es Ihnen, mit den zunehmend häufigen und lauter werdenden Appellen, sich um Europa zu kümmern? Fühlen Sie sich betroffen und in der Lage etwas zu tun?

Nicht zuletzt bei uns in Niederbayern ist die erste Welle des EU-Wahlkampfes am Aschermittwoch angerollt. Sympathisch, daß der niederbayerische Kandidat für das hohe Amt des Kommissions-Präsidenten in seiner Heimat den mühevollen Weg für seine Aufgabe beginnt. Eine zweite Welle mit Sebastian Kurz und Markus Söder folgt am 6.April in einer zentralen Europawahlveranstaltung in Straubing. Ich denke, allein wegen der historischen Sensation und Chance für unsere Heimat, einen Niederbayer an der Spitze in Brüssel zu haben, werden Sie ihn unterstützen.

Die Wahlstimme scheint allgemein das Einzige zu sein, wo wir mit Europa in Berührung kommen und etwas für es tun können. Wir können selber nichts gegen den Brexit, für die Eurostabilität oder die Sicherung der Außengrenzen machen. Irrtum! Das Europaverständnis beschränkt sich nicht auf Wahlen, Administration und Lenkung durch demokratische Gremien. Europa ist der Appell an jeden seiner Bürger, einen Beitrag zur Idee und zum Leben der Gemeinschaft eines Kulturraumes beizutragen. In alten Grenzen denkend halten viele das noch für die Aufgabe der Außenpolitik. Verantwortliche haben auch viel zu wenig deutlich gemacht, daß seit „Europa" auch im Denken die Grenzen fallen müssen und heute Europa in einem neuen Sinn mit zum eigenen Wirkungskreis jeder Kommune und jedes Bürgers gehört.

Um sich im weiten Europa mit Interesse und Engagement nicht zu verlieren und der Vielfalt in der Einheit Rechnung zu tragen, bauten die Verantwortlichen getreu dem Subsidiaritätsprinzip ein Europa der Regionen auf.

Zu dessen Festigung und Förderung wurde die „Begleitungsstruktur" der EUREGIONES eingerichtet. In unserer Region wurde sie zusammen mit den Grenzgebieten Niederbayerns und Österreichs zu Tschechien zur „Europaregion Donau-Moldau" (EDM) ausgebaut und soll weiter zum „Europäischen Verbund territorialer Zusammenarbeit" entwickelt werden. Hier ist Raum, Personal und Hilfe für Aufbau und Pflege von Gemeinschaft und Wir-Gefühl. Europa erschöpft sich nicht in der Nachbarschaftspflege, es beginnt dort und lädt zum Miteinander und Mitmachen ein. Die Europawahlen sollten ein Motivationsschub zur Ausweitung der gemeinsamen EDM-Projekte sein.

Anfang Januar haben die Vorsitzenden eine Neuausrichtung und Konzentration der Inhalte der EDM-Programme vorgenommen. Unter der Überschrift „EDM – Raum für Gesellschaft 4.0." wurden die Schwerpunkte Industrie, grenzüberschreitende Gesundheitsleistungen und Tourismus, sowie gemeinsames Natur- und Kulturerbe ausgewählt.

Bei Industrie geht es um die Vernetzung von Start-Up's, Zusammenführung von Hochschulen und Unternehmen, Qualifizierung von Unternehmen vor allem im Bereich Digitalisierung und die Zusammenführung von berufsbildenden Schulen und Unternehmen vor allem in technischen Zweigen. Die beiden anderen Förderbereiche sind bisher nicht weiter spezifiziert, so daß derzeit noch viel Spielraum zu sein scheint. Es gibt für Einzelprojekte bis zu 25.000 €, für Großprojekte weit mehr. Für eine Projektförderung müssen immer ein bayerischer und ein tschechischer Partner zusammenarbeiten.

Die EDM, aber auch ich, können Ihnen helfen, einen Partner zu finden. Information und Begleitung finden Sie jederzeit im Europahaus in Freyung.

Bis dann

Euer Wenzel

AHOI!
Der Gruß passt ganz gut zu diesem Beitrag vor der Europawahl. Man kann ihn als Wunsch für viel Glück auf rauer See verstehen.

Besser als Glück wünschen oder darauf zu warten ist, das Glück in die eigene Hand zu nehmen und selber dessen Schmied zu sein. Oder gehören Sie zu den Menschen, die sich nicht für Europa interessieren und sich nicht darum kümmern, weil es Ihnen zu undurchsichtig, zu weit weg und unbeeinflussbar erscheint?

Ob wir wollen oder nicht, jeder von uns lebt nicht wie der kleine Prinz auf einem einsamen Stern, auch wenn er noch so stark träumt oder sich Ohren und Augen zuhält. Die Welt ist eng und klein geworden und vor den deutlichen Zukunftsfragen und aktuellen Problemen kann man nicht wegtauchen. Mühsam wurde unsere Demokratie erkämpft. Jetzt gilt es, von ihr auch aktiv Gebrauch zu machen. Stattdessen hat die Phase der Individualisierung nach falsch fundierten Kollektivierungen, wie Nationalsozialismus und Kommunismus, zu einer Lethargie geführt, sowie babylonischen Sprachen- und Verhaltensgewirr gesorgt, das durch einen Wertekonsens mehr zusammengehalten werden soll.

Hier wütet die Verdrängung unseres christlichen Weltbildes als Orientierungsrahmen, eine Bindungslosigkeit, die Forderung nach endlosem Fortschritt und Wohlstand, ein Diktat von Technik und Digitalisierung und der Wirtschafts-, Macht- und Ideologienkampf über die Welt verteilter Großmächte. Aber auch Wanderbewegungen ganzer Völker wegen Terror, Krieg und Hunger, Naturkatastrophen und Umweltproblemen sowie Ernährungs- und Energieproblemen verteilt über den Globus, generative Veränderungen und revolutionäre Eingriffe in Bausteine des Lebens.

Speziell wir leben in der Mitte Europas und seines Speckgürtels und sollten weder die Flinte ins Korn werfen noch unsere Mitbewohner auf dem Planeten im Stich lassen noch phlegmatisch warten bis auch uns die Unheilwelle fortspült. Es gibt viele Chancen den Auftrag „macht euch die Erde untertan" erfolgreich und friedlich zu erfüllen.

Voraussetzung zum Gelingen ist die Besinnung auf unsere 2000 Jahre bewährten Grundwerte und deren Umsetzung, die in den Zehn Geboten des Christentums, aber auch unseren staatlichen Verfassungen, inklusive der europäischen Grundwertecharta, festgehalten aber in Vergessenheit geraten sind. Dem liberalen Zeitgeist und dem „Freiheitsfortschritt" wurden sie fahrlässig geopfert, nicht merkend, daß ihre Missachtung durch Desorientierung, Desintegration, sinkendem Wohlstand und Wohlbefinden (Depression) langfristig zu weniger Lebensqualität führt. Diese Entwicklung macht deutlich, daß im Wettstreit der Mächte und Kulturen nicht andere stark geworden, sondern wir schwach geworden sind. Und so ist es an Europa dem alten Erdteil, der einmal Zentrum von Kultur, Geist und Geschichte war, sich zu reaktivieren und seine Kräfte zu bündeln anstatt in Selbstgefälligkeit, Kleinstaaterei oder Panik zu verfallen. Das Beste am so genannten Brexit ist das abschreckende Beispiel selbst- zerstörerischen Egoismus. Es wird Zeit zu verstehen, daß uns nur die Chance der Zusammenarbeit und des Miteinanders in Europa befähigen, die anstehenden Probleme zu lösen und sich gegen Großmächte und Probleme zu behaupten.

Stellen Sie sich vor, die Kirchen in Europa würden wieder Sinn- und Wertestiftung schaffen, anstatt sich mit sich selbst beschäftigen zu müssen; Wissenschaft, Forschung und Technik würden an einem Strang ziehen und z.B. sich gemeinsam mit Automation und künstlicher Intelligenz befassen; Wirtschaft und Schulen rückten dem Fachkräfte- Mangel auf EU-Ebene gemeinsam zu Leibe, Umwelt- und Migrations- Probleme fänden einheitliche Begegnung und das Bildungswesen würde mit sozialer Kompetenz und Lebensfragen und nicht nur mit digitalisiertem Wissen angereichert. Damit kann in einem Europa der Regionen z.B. unserer EDM, zusammen mit den Nachbarländern, leichter begonnen werden als mit allen Mitgliedstaaten.

Europa braucht Dich, wirbt das untenstehende Wahlplakat. „Und Du brauchst Europa", ist dem hinzuzufügen. Die einmalige Chance, einen soliden Landsmann der Mitte und aus unserer Region als Präsidentschaftskandidat zu haben, der verspricht, seine Heimat im Blick zu halten, sollten wir uns nicht entgehen lassen. An den Rändern stehen bereits Kandidaten bereit, deren Kontakte zu feindlichen Großmächten nachgewiesen sind.

Eine gute Wahl! Euer Wenzel

AHOI!
Hat sich Ihr Einsatz für Europa durch Ihre Stimmabgabe gelohnt?

In Jahrhunderten gewachsene Länder mit verschiedenen Volksgruppen lassen sich nicht so einfach in Jahrzehnten zu einer Einheit verbinden. Ein Blick zurück in die Geschichte zeigt, wie einerseits durch Wanderungen in der Vorzeit Verbindungen und Vermischungen unter den Völkern stattgefunden haben – Handel spielte dabei von Anfang an eine große Rolle, aber auch Landsuche – wie andererseits durch Landnahme und Kriege Abschottung und Feindschaft entstand. Die europäischen Nationalstaaten sind aber in der Neuzeit zu einer unausweichlichen Schicksalsgemeinschaft geworden, in der sie – ob sie wollen oder nicht – die aktuellen Herausforderungen (z. B. Ernährung, Klima, Energie, Handel, Migration, Bevölkerungs-Entwicklung, Einfluss der Supermächte…) nur noch gemeinsam meistern können.

Die Kunst, aber auch der Streit, beziehen sich weithin auf die Lösung des verständlichen Grundproblems:

Wieviel notwendige Einheit, wieviel mögliche, gewachsene Eigenart für jedes Land, für jede Region lebenswichtig ist. Wie war und ist denn das so mit unseren östlichen Nachbarn? In der Völkerwanderung um die Hälfte des ersten Jahrtausends, wanderten die Slawen östlich von Elbe und Saale bis Hamburg und Lübeck. Dass sie Berlin (= im feuchten Gebiet) gründeten, hängt hier niemand an die große Glocke. Die unzähligen Ortsnamen im Nordosten mit der Endung „-ow" zeugen von dieser Zeit. Über tausend Lehnworte (z. B. Halunke, Pistole, Gurke und Tornister) in der deutschen Sprache sind dem Slawischen entnommen. Noch heute verfügt unser Land an Grenzen über ethnische Minderheiten wie in der Lausitz den Sorben oder Wenden. Wie in Südtirol sind die Ortsschilder dort deutsch und slawisch.

Etwa hundert Jahre später folgte eine zweite Welle, die speziell unsere bayerische Geschichte prägte. Die Boier (aus denen die Bayern wurden) kamen aus Bohemia und wurden unsere Stammväter. Sie waren keine Slawen, sondern ein keltischer Stamm. Wie reinrassig ist offen.

Im dreizehnten Jahrhundert fand eine Gegenbewegung statt. Unter Ottokar II. fand in Böhmen eine Blütezeit mit enormer Bautätigkeit statt. Vor allem aus unterstrukturierten Gebieten an unseren Ostgrenzen, wanderten unzählige Deutsche nach Böhmen und siedelten in den Süd-, West- und Nordflanken, dem späteren Sudetenland. Nach den Hussitenkriegen „verband" vor allem der Dreißigjährige Krieg Bayern und Böhmen. Die beiden Wittelsbacher Vettern Maximilian und Friedrich standen sich gegenüber. In der ersten Hälfte des 18. Jahrhunderts war der bayerische Kurfürst Karl VII. böhmischer König und römischer Kaiser.

Nach dem Wiener Kongress und den Bemühungen um eine Neuausrichtung Europas 1848, gab es böhmische Abgeordnete im ersten deutschen Parlament (Paulskirche). Zwischenzeitlich wuchsen in Böhmen die nationalen Spannungen. Das slawische Selbstwertgefühl rieb sich an der stärker gewordenen deutschen Präsenz. Es entstand eine Entwicklung, die über das Münchner Abkommen und die Besetzung Hitlers der „Tschechei" mit der erklärten Absicht nicht nur die Juden, sondern auch die Slawen zu eliminieren, zur Niederlage und zur Vertreibung der Deutschen und zum Moskauer Satellitenstaat führte.

Die kulturellen Schätze (Literatur, Kunst, Technik) der gemeinsamen Jahrhunderte böhmischer Geschichte werden nach der „Samtenen Revolution" 1989 wieder deutlicher, reichen aber noch nicht, um vorbehaltlose Sympathie und ein uneingeschränktes JA zur EU zu sagen. Dabei darf man nicht vergessen, daß Deutschland (Kanzler Schröder) gegen die Aufnahme der Tschechischen Republik in die EU gestimmt und Deutschland zunächst den Arbeitsmarkt geschlossen hielt.

Ohne gegenseitiges Verständnis und Berücksichtigung der Situation und der Geschichte (mit jahrhundertelanger Fremdherrschaft, Krieg, Kommunismus, Verbindung zu Polen und Ungarn) wird kein erforderliches „Wir-Gefühl" entstehen. Die notwendige Werte-Gemeinschaft (Religion!) bedarf intensiver persönlicher und institutioneller Kontakte und Überzeugungskraft.

Bis bald

Euer Wenzel

Foto: Prag, Karlsbrücke mit Blick auf Hradschin (Präsidentensitz und Veitsdom)

AHOI!
Nur wer zur EU-Wahl gegangen ist, darf hier weiterlesen!

Die anderen wollen ja nicht über den eigenen Horizont hinausschauen, auch wenn es beim Nachbarn Interessantes zu sehen gibt.

Die Weltoffenen und Neugierigen nehme ich heute mit zu einem bunten 3-tägigen Fest im Nachbarland. Mit EU-Förderung präsentierte sich Mitte Mai Südböhmen in Linz unter dem Motto „Südböhmen zu Gast in Linz". In der oberösterreichischen Hauptstadt liegt die Zentralgeschäftsstelle der Europaregion Donau-Moldau (EDM). So ist die EDM-Stelle in Budweis an der Moldau zur zentralen nach Linz an der Donau gekommen. Etwas neidisch müssen wir feststellen, daß durch die Geschichte die Verbindung zwischen Böhmen und Österreich immer noch enger ist als zu Bayern. Zur Zeit des „Goldenen Steiges" im Mittelalter und vor dem Dreißigjährigen Krieg war das noch anders. Die Hitlerzeit hat die Distanz weiter vergrößert und die darauffolgende Vertreibung der Deutschen auch.

Zurück zum bunten Treiben in Linz! Mit einer beachtlichen Organisation und unzähligen Teilnehmern war bei schönstem Sommerwetter die Innenstadt in eine Festmeile verwandelt. Das 30-jährige Jubiläum der „samtenen Revolution" in Tschechien mag etwas Schwung beigesteuert haben. Nicht nur 75 Aussteller aus den Bereichen Kunst, Kultur, Handwerk, Gastronomie und Touristik präsentierten sich mit Ständen, sondern auch eine Reihe von Darbietungen ließen etwas slawisches Flair durch die Stadt wehen.

In den Redoutensälen ergänzte eine Fachveranstaltung das EDM– Event. Auch sie war bestens besucht und wurde simultan übersetzt. Nach den Grußworten stellte die EDM-Geschäftsführerin, Frau Sadravetz, die Arbeit des letzten Jahres und die auf die verschiedenen EDM–Stellen verteilten aktuellen Schwerpunkte: Industrie, Ausbildung, Gesundheit, Tourismus und Neue Technologien vor.

Zu letzterem Thema referierten dann Spezialisten aus der Zukunftsakademie in Linz, wo eine Plattform eingerichtet und eine Broschüre zur Digitalisierung in Gemeinden erarbeitet wurde.

Insgesamt beglückte einen die beschwingte Atmosphäre, bereicherten die persönlichen Begegnungen und halfen fremde Erfahrungen. So wurde zum Beispiel berichtet, daß es in Österreich ein Programm gibt, das in jedem Kommunalparlament ein freiwilliges Ratsmitglied für das Thema Europa installiert. In bereits 1196 Gemeinden - knapp der Hälfte - ist das bereits gelungen. Die Beauftragten bekommen zentral Infos, Begleitung und Seminare. Dieses Ernstnehmen von Europa und der Gemeinde als Zellkern für ein gelingendes Europa ist uns voraus.

Mit guten Wünschen

Euer Wenzel

AHOI! Dem Klimawandel muss man sich stellen, gerade wenn die Luft wie heuer wieder vor Hitze flirrt. Beim Blick auf das hitzige Klima in der EU-Politik Anfang des Hochsommers könnte man allerdings aus der Haut fahren.

Hat der Klimawandel auch die Gemüter verwirrt oder zu Hitzschlägen in Politikerköpfen Anlauf genommen?

Es kann doch nicht wahr sein, daß die Migrationsfrage die europäische Gemeinschaft an den Rand des Scheiterns bringt. Hier müssen die Gemüter wieder etwas Abstand und Überblick gewinnen, ihren Wertekatalog umsortieren, Prioritäten setzen und erkennen, daß Gemeinschaftsvorteile auch immer Kompromissbereitschaft beinhaltet. Ruhe, Abstand und Blick auf Geschichte und bisherige kulturelle Leistungen lassen Zeitprobleme meist in neuem Licht erscheinen.

Das gilt auch derzeit für unser Nachbarland Böhmen. Außenpolitisch macht sich der Ministerpräsident zum Sprecher der Osteuropäer und stellte sich zu den Personalvorschlägen der EU-Mehrheit quer. Innenpolitisch schwankt die Koalitionsregierung aufgrund des geforderten Rücktritts des Kultusministers, den der Präsident nicht verabschiedet und schließlich wird der Protest auf der Straße gegen den Ministerpräsidenten wegen der anhängigen Gerichtsverfahren immer lauter.

Machen Sie mit mir zur „Abkühlung" einen Sprung zur bekanntesten böhmischen Romanfigur, dem braven Soldaten Schwejk und seinen Abenteuern, hinter dem sich biographisch Jaroslav Hašek versteckt. Schwejk tritt als gutmütiger, gemütlicher Schlauberger auf, verliert bei den absurden Widerwärtigkeiten, die ihm auf dem Weg zu seinem Regiment in Budweis widerfahren, die Ruhe nicht und führt schließlich als Held Politik und Krieg ad absurdum. Schwejk hat weltweit das Bild des Böhmen mitgeprägt.

Im Original liest sich das Ende seiner „Irrfahrt" so: "Sicher ist, daß Schwejk, wenn ihm seine Bewegungsfreiheit belassen worden wäre, auch alleine nach Budweis gekommen wäre. Wenn die Behörden sich dessen rühmten, Schwejk an seinen Dienstort gebracht zu haben, so ist das einfach ein Irrtum. In Anbetracht seiner Energie und seiner unverwüstlichen Kampfeslust war das Einschreiten der Behörden in diesem Fall nichts anderes als ein Knüppel, den man ihm zwischen die Beine warf."

Der Autor Jaroslav Hašek wurde 1883 geboren. Er war ein „fauler Lümmel" und verlor wegen Unzuverlässigkeit verschiedene Anstellungen, schrieb Humoresken, zog durch Prager Bierstuben und verkaufte gestohlene Hunde. Als „Nichtsnutz" sah er wie andere sein Glück im K.u.K.-Militär.

An der Ostfront ließ er sich von den Russen überrennen und gefangen nehmen. Die Fronten wechselnd wird er politischer Kommissar der KP in Kasachstan. Dort beginnt ab 1918 das Schreiben an seinem Werk, dem Schwejk. 1920 ist Hašek wieder in Prag.

Drei Jahre später mit nur 39 Jahren stirbt er kriegs- und alkoholgeschädigt. Sein Roman ist unvollendet. Er genießt als Schriftsteller zu Lebzeiten kein Ansehen. „Er war als Provokateur mit schlimmster Vulgärsprache verschrien". Zunächst gab Hašek die Abenteuer als Einzelhefte heraus. Die Leser kamen schnell auf den Geschmack. Das breite Kritikerinteresse kam erst nach der deutschen Übersetzung von 1926. Heute bleibt das Phänomen, daß dieser träge Held ohne vorbildliche Taten und ethische Appelle in die Weltliteratur aufstieg. Seine Figur gilt als typisches Produkt tschechischer Kultur.

Was würde die Lektüre der Abenteuer des braven Soldaten Schwejk den aufgeregten Politikern heute bringen? Würden sie noch als leuchtendes Beispiel für kleine Völker, wie sie die Macht der Großen überleben, gelten?

Oder hätten die klassischen Prager Schriftsteller wie Werfel, Rilke, Kafka heilsamere Wirkung auf sie?

Gute Zeit

Euer Wenzel

HOI!

Vor allem in Europa drängen sich die Völker immer dichter.

Und wie im persönlichen Bereich Selbständigkeit und Individualität zur „Überlebensstrategie" sich erheben, so nehmen Länder ihre Zuflucht zu Eigenständigkeit und Nationalismus. Um Konflikte im Kampf um Ressourcen und Vormacht in der globalisierten Welt zu vermeiden, hilft nur, auf den Nachbarn einzugehen und sich mit ihm zu arrangieren. Im Rahmen gemeinsamer Grundwerte, die unter Umständen noch ausgehandelt werden müssen, muss jeder sein DNA behalten können und die des Nachbarn respektieren. Dazu muss man sich aber mit seiner prägenden Geschichte erst einmal auseinandersetzen. Wahrnehmung und Wissen haben natürliche Grenzen und so kann man sich in Europa trotz Telekommunikation nur wirklich auf das und den „Nächste(n)" konzentrieren. Eigentlich entspricht dem auch unser föderatives System. In der politischen Praxis droht derzeit die „Regionalität" wie sie in Wirtschaft und Handel verstärkt Platz greift, leicht unterbewertet zu werden. Aus diesem Grund wurde die Europaregion Donau-Moldau gegründet.

Ihre Aufgabe ist nicht nur Geld zu verteilen, sondern auch die Nachbarn näherzubringen, sich verständlich zu machen. Deshalb will ich Ihnen heute kurz das erste von mehreren Schlüsselereignissen für das Selbstverständnis unserer Nachbarn, der Tschechen, näherbringen.

Magister Jan Hus löste eine bis heute wirkende Entwicklung Anfang des 15.Jahrhundert aus. Gerade haben die Tschechen seinen Todestag als Nationalfeiertag am 6.Juli begangen. Hus war Theologe und Priester. Er trat in die Fußstapfen der Slawenaposteln Kyrill und Method, die die Bibel in die Landessprache übersetzten und in der Sprache des Volkes predigten. Er zog gegen die Zustände in der Kirche und den Ablasshandel zu Felde, hundert Jahre vor Luther.

Foto: Jan Hus

Theologisch nahm er in einer Zeit des Priesterüberschusses und heißer Fachdiskussionen Theorien, die aus England kamen, auf. So galt für ihn eine göttliche Vorherbestimmung und das Gewissen als letzte Instanz. Mit zunehmender Bedeutung wurde er Rektor der berühmten Karlsuniversität in Prag. Der theologisch-philosophische Streit verschärfte sich und bekam eine nationalistische Note, nachdem König Sigismund (der letzte König aus dem Haus Luxemburg) und die Deutschen zu Rom hielten. Schließlich wurde über Hus der Bann verhängt. Er musste sich bei Adeligen verstecken. Unter der Zusicherung freien Geleites wurde er schließlich zum Konzil 1414 nach Konstanz zitiert. Ohne seine Thesen verteidigen zu können, ohne Geständnis und ohne Überführung wurde er 1415 dort verbrannt, seine Asche in den Rhein gestreut. Damit war der Konflikt nicht beendet, sondern eine allgemeine Bewegung und Unruhen gingen erst richtig los.

Die „Hussiten" führten die Laienpredigt und den Laienkelch unter beiderlei Gestalten ein. Der Papst rief zum Kreuzzug auf. Militärisch waren die Hussiten sehr erfinderisch und erfolgreich. Sie schlugen fünf Kreuzzugsheere. Im Westen drangen sie bis in unsere Gegend vor. In Böhmen hielten die Glaubensanhänger inzwischen Bergwallfahrten und gründeten die Stadt Tábor als ihr Zentrum. Schließlich führten einerseits interne Konflikte andererseits diplomatische Kompromisse (Baseler Konzil 1434) mit wechselseitiger Toleranz zum Ende der Waffengänge. Zwischen den Kirchen in Böhmen gab es aber bis zur Rekatholisierung nach der Schlacht am Weißen Berg (1620) Reibereien.

Die sozialen Unruhen hatten grenzübergreifend Auswirkungen. In Tschechien selber ist Hus heute eine nationale Symbolfigur für den Widerstand gegen fremde Mächte, auch wenn die Anhänger seiner noch bestehenden Glaubensgemeinschaft recht überschaubar sind. Papst Benedikt hatte bei seinem Besuch in Tschechien auf die Verdienste von Hus hingewiesen und zu einer Neubewertung aufgerufen. Dem Verhältnis zu den Tschechen täte es sicher gut.

Auf bald! Euer Wenzel

AHOI!
Zwischenzeitlich fanden zwei historische Daten statt, die für Europa, seine Geschichte und seine Zukunft so wichtig sind, daß wir sie aus dem kurzwelligen „Rauschen im Blätterwald" zur Lehre für Nachgeborene nochmals herauslösen wollen.

Nicht nur Fragen des biologischen, sondern auch des geistigen bzw. politischen Klimas bestimmen die Welt kommender Generationen. Die Rede ist von den Schlüsselereignissen vor 80 und 30 Jahren, die den Beginn des 2.Weltkrieges wie auch 50 Jahre später den Einsturz des Eisernen Vorhangs, den Zusammenbruch des Kommunismus und die Veränderung der europäischen Landkarte bewirkten. Das zweite der Ereignisse ist weniger beleuchtet.

Da war zunächst der Papst, Johannes Paul II., aus Polen, der das kommunistische System kannte und seit seiner Enzyklika 1979 nicht müde wurde, den Kommunismus in Theorie und Praxis zu entlarven. Sein programmatischer Schlachtruf lautete: „Habt keine Angst!" Er stärkte die Unterdrückten und schloß sie zusammen. Die „roten Betonplatten bekamen Sprünge und zarte Pflänzchen der Freiheit brachen sich den Weg zum Licht".

Und da war dann vor allem Paneuropa als älteste europäische Einigung unter ihrem Präsident Otto von Habsburg. Schon 1979 prophezeite er beim Münchner Merkur das Ende des Eisernen Vorhanges in zehn Jahren mit der Erläuterung: „Reißt ein Faden, dann läuft die ganze Masche". Es gelang ihm in Ungarn wieder zu Popularität zu kommen und mit seinem Assistent Bernd Posselt (heute sein Nachfolger) politische Partner zu finden. Ungarn war unter den Ostblockstaaten nach dem Einmarsch der Russen 1956 am liberalsten. Es hatte den Spitznamen „die fröhlichste Baracke des Ostblocks". Der Grenzzaun zwischen Ungarn und Österreich begann zu verfallen. Das führte zu Ängsten bei den anderen Sattelitenstaaten. So plante der Bruderstaat Rumänien einen eisernen Vorhang zu Ungarn zu errichten.

Dagegen wollte die Paneuropa- Union mit einem grenzüberschreitenden Picknick an der Ostgrenze protestieren. Dann aber überschwemmten DDR-Touristen Budapest im Sommer 1989, mit dem Wunsch, nach Westen auszureisen. Die Malteser unter Führung von Csilla Freifrau von Boeselager, übernahmen in Kontakt mit Paneuropa deren Betreuung.

Gleichzeitig beschloß die Paneuropa-Union in Zusammenarbeit mit dem Ungarischen Demokratischen Forum (MDP) das geplante Picknick an die Westgrenze zu verlegen und die ungarischen Machthaber zur Mitwirkung zu gewinnen. Es war ein riskanter Test auszuloten, ob sich die freiheitlichen Kräfte für eine angestrebte zeitweise Öffnung der Grenze in Ungarn, durchsetzen würden.

Foto: Paneuropapräsident Deutschland, Bernd Posselt

Am 19.08.1989 war es so weit. Paneuropäer und die Malteser auf der österreichischen Seite und die informierten DDR-Touristen, Malteser, ein Staatssekretär, Paneuropäer, Sympathisanten und Gäste der Region auf der ungarischen Seite trafen sich auf einer Wiese -

direkt am Grenzzaun bei Ödenburg/Sopron. Waldburga von Habsburg hielt in Vertretung des Paneuropapräsidenten eine Rede auf Ungarisch.

Prinz Vinzenz von Liechtenstein grüßte im Namen der Paneuropa-Union Österreichs. Der heutige Geschäftsführer von Paneuropa Deutschland, Hans Kijas, pflanzte auf den verwaisten Wachtürmen Paneuropa Fahnen auf. Mit Blasmusik und Gulasch, von ungarischer Seite aus organisiert, entstand ein fröhliches Fest. Und dann geschah das Wunder: Es öffnete sich das Holztor für sechs Stunden und ohne einen Schuß strömten 661 DDRler aus den Lagern um Budapest in den Westen. Der Faden war gerissen und die Laufmasche nicht aufzuhalten.

Gorbatschow zuckte mit den Achseln während DDR und Tschechoslowakei noch weiter auf Flüchtlinge schießen ließen. Ungarn aber beschloss am 10.September 1989, die Grenze ganz zu öffnen. Der Damm war gebrochen und so folgte die Wiedervereinigung Deutschlands und Europas. Kanzler Kohl gab dieser Initialzündung den entsprechenden Stellenwert, indem er sagte: „Der Boden unter dem Brandenburger Tor wird immer ungarisch bleiben".

Für die Zukunft können wir daraus ableiten, daß die Verletzung von Naturrechten und Mißachtung persönlicher Freiheit als Regierungs-Prinzip langfristig nicht tragen, welcher Segen von charismatischen Persönlichkeiten ausgehen kann, welche Kraft sich grenzüberschreitend mit einer christlich-freiheitlichen organisierten Zivilgesellschaft entwickeln läßt, welches Potential in gemeinsamem Feiern steckt, welche Bedeutung Zivilcourage hat und wie wichtig übernationale Verbindungen sind.

Euer Wenzel

November: Interview mit dem EDM-Geschäftsführer Kaspar Sammer

AHOI! Damit Ihr, liebe Leser, nicht glaubt, ich bringe Euch nur meine eigenen Interessen und Meinungen nahe, vermittle ich Euch heute Äußerungen eines Fachmannes.

Hier sind die Antworten des Geschäftsführers der EUREGIO und der Europaregion Donau-Moldau, Herrn Kasper Sammer, aus dem Europahaus in Freyung auf von mir gestellte Fragen:

Was braucht aus Ihrer Sicht Europa am meisten?
Wertschätzung unter den Menschen und Staaten, Mitnahme der Menschen, Aufzeigen der Zukunftsperspektiven in den aktuellen Herausforderungen und die Wertschätzung der Vielfalt.

Was müssen sich unsere Bürger unter der Europaregion Donau-Moldau (EDM) vorstellen?
Den engeren Zusammenschluss der gemeinsamen Grenzregionen Bayerns, Tschechiens und Österreichs sowie die dafür notwendigen sieben Förderstellen mit der Zentrale in Linz.

Was sind die wichtigsten Aufgaben der EDM?
Im gemeinsamen Verbund die Regionen wirtschaftlich weiterzuentwickeln und die Menschen aneinander zu binden und zusammenzuführen. Helfen, um die Strategien der EU in der Region umzusetzen. Dabei spielen die Vermittlung und Abrechnung von EU-Fördermitteln eine zentrale Rolle.

Welche Ämter sind im Europahaus in Freyung noch angesiedelt?
Die EUREGIO bayerischer Wald - Böhmerwald, das Zentrum für Sprachkompetenz, das Infozentrum „Europe Direct", das Amt für ländliche Entwicklung und der Gemeinschaftsladen „dreimalig".

Wie unterscheidet sich die EUREGIO von der EDM?
Die EUREGIO kümmert sich um die unmittelbare grenzüberschreitende Zusammenarbeit und deren Förderung, während

die EDM Strategien und Handlungsansätze entwickelt, um die gesamte Region voranzubringen.

Wer sind die Mitglieder der EUREGIO und EDM?
Die erste setzt sich aus Kommunen und Verbänden der Grenzregionen zusammen, die zweite aus den sieben Grenzbezirken der drei Länder inkl. Altötting.

Welche weiteren Entwicklungen sind in der EDM geplant?
Der Ausbau zu einem europäischen Verbund für territoriale Zusammenarbeit. Das wäre einerseits ein stärkerer Rechtsverbund über Landesgrenzen hinweg, andererseits ein stärkerer Einfluss auf das europäische Struktur- und Fördergeschehen.

Wie können unsere Gemeindemitglieder Ihr Haus stärker nutzen?
Für alle Fragen zu Europa oder der Zusammenarbeit mit Tschechien und Österreich stehen wir jederzeit gerne zur Verfügung

Foto: EDM-Geschäftsführer Kaspar Sammer mit Graf Deym

Bis bald   Euer Wenzel

Europa erleben, Grenzen überwinden, Nachbarn besuchen

Unter diesem Motto spricht unser Gemeindemitglied Graf Deym an alle Vereine mit Jugendarbeit eine

Einladung zu einem Ferienlager 2020 im Jugendschloss Dražíč
aus.

Dražíč liegt 100 km hinter der Grenze im Kreis Budweis, unserer Partnerdiözese. Die Anlage liegt abgeschlossen am Ortsrand mit Möglichkeit zu Spiel und Zelten ums Haus. In Ermangelung von Jugendherbergen übernimmt es deren Funktion. Es ist auf eine Belegung von ca. 25 Teilnehmern ausgelegt und setzt Selbstversorgung voraus. Dafür arbeitet es zu einem Minimalkostenpreis von 4 € pro Person und Tag. Das Haus liegt als Ausgangspunkt für Besichtigungs- und Kontaktfahrten inkl. Prag ideal. Vor Ort steht eine Kontaktperson zur Verfügung. Gerne wird an der Programmgestaltung mitgewirkt.

Nachfragen und Reservierungen bitte direkt an Graf Deym richten: graf.deym@mimnet.com oder 0174 66 31 555 - Euer Wenzel

Januar: Der heiligen Aneschka verdankt die Kirche die samtene Revolution

AHOI!

Alles Gute fürs neue Jahr!

Bevor die galoppierende Zeit wieder alle Ereignisse des alten Jahres vergessen macht, will ich noch auf ein Ereignis den Blick zurückwerfen, das noch lange die Geschichtsbücher füllen wird: Das Ende des Kommunismus vor 30 Jahren.

In der Oktoberausgabe habe ich Ihnen das Schlüsselereignis für den Fall der Mauer und unsere Wiedervereinigung - das Paneuropa-Picknick in Sopron/Ungarn - nähergebracht. Nachdem uns in Niederbayern der „Eiserne Vorhang" nicht von der DDR, sondern von der ČSSR trennte, sollte unser Blick auch auf den Zündfunken im Nachbarland fallen. Auch wenn wir vormals kein gemeinsames Land waren, so verbindet uns manches mehr als mit Thüringen oder Sachsen. Die Samtene Revolution in Tschechien hatte zwar eine eigene Geschichte und doch, der Zündfunke verblüfft durch seine Parallelen. Er hat mit der christlichen Kultur zu tun und wurde von uns, weitgehend unbemerkt, soeben groß vom Primas von Tschechien in Prag gefeiert.

Foto: Empfang beim Primas von Tschechien am 16.11.2019, anläßlich des 30-jährigen .Jubiläums der Hl.Aneschka und der Samtenen Revolution

Mitte November lud Kardinal Duka zu einem Festgottesdienst und einem Empfang anlässlich des 30.Jubiläums der Samtenen Revolution und der Heiligsprechung der Hl. Aneschka (Agnes von Böhmen), in den Veitsdom und das erzbischöfliche Palais auf den Hradschin, gegenüber dem Präsidentenpalast, ein. Das Hochamt im vollen Dom mit Fernsehübertragung war an Aufwand und Glanz kaum zu übertreffen. Die Hauptzelebranten waren Kardinal Dziwisz, Primas von Polen - der zur Zeit der Heiligsprechung von Aneschka Sekretär vom Hl. Papst Johannes Paul II., dem ersten slawischen Pontifex war - sowie Kardinal Duka, der Nuntius Charles David Balvo und 20 weitere Konzelebranten u.a. aus den östlichen Nachbarländern. Der gesamte Episkopat, alle Priester und Äbte, der gesamte Klerus und alle Ministranten des Landes schienen anwesend zu sein. Nicht nur durch die Teilnahme des apostolischen Exarchs Ladislav Hučko wehte ein Hauch von byzantinischem Flair durch das gotische Gewölbe. Aufliegende Texthefte, politische Statements und Auszeichnung für politisch engagierte Kirchenvertreter machten den Zusammenhang zwischen der Hl.Aneschka und dem Ende des Kommunismus immer augenfälliger. In den Fürbitten war auch der Name Helmut Kohl zu vernehmen.

Aneschka lebte von 1211 bis 1282. Sie war die Tochter des Premyslidenfürsten Ottokar I. Sie sollte des Kaisers Sohn Heinrich oder den englischen Königssohn heiraten, ließ sich aber nicht für Machtpolitik mißbrauchen, sondern gründete stattdessen einen Orden und ein Kloster in Prag. Aneschka wurde von Pius IX. 1874 seliggesprochen. Johannes Paul II., dem die Historiker bescheinigen, der erfolgreichste Kämpfer gegen den Kommunismus gewesen zu sein, sprach Aneschka, durchaus mit kirchenpolitischem Hintergrund, auf Betreiben von Kardinal Tomášek am 12.11.1989 heilig. Noch am Tag der Heiligsprechung schlossen sich hunderttausende Tschechen auf dem Letna-Hügel in Prag zum Protest gegen die Regierung zusammen. Die Woge der Samtenen Revolution kam ins Rollen und war nicht mehr aufzuhalten. Mit der Wahl von Václav Havel zum Präsidenten war am 29.Dezember der kommunistische Spuk vorbei und die Hl. Aneschka erwarb sich den Titel einer Nationalheiligen. Der Hl. Wenzel und der Hl. Johann Nepomuk haben so eine Schwester bekommen.

Foto: Große Gastfreundschaft im erzbischöflichen Palais Prag

Der Glanz und die Großzügigkeit beim anschließenden Empfang im barocken Palais des Erzbischofs, bei dem weder Politiker aus dem eigenen Land noch Honoratioren aus Europa zu sehen waren, führte zu einem bewegten Austausch, der einmal mehr deutlich machte, wie wichtig Feiern und Feste für eine Gemeinschaft sind. Vielleicht kann die Hl. Aneschka auch Fürsprecherin für grenzüberschreitende Gemeinschaften werden.

Euer Wenzel

AHOI!

Der Eintritt ins zweite Jahrzehnt des neuen Jahrtausends veranlaßt uns weiter, Europa in den Blick zu nehmen, die brisanten Veränderungen wie den Brexit unter Kontrolle zu bringen und mit den Nachbarn stärker zusammenzurücken. Der Mailänder „Avenire" schrieb neulich: „Wenn Europa eine Zukunft haben will, muß es von seinen Bürgern geliebt werden und um geliebt zu werden, muß es zeigen, daß es mit allen geeigneten Mitteln für sie arbeitet."

Die Liebe zu Europa führt meines Erachtens über die Liebe zum Nachbarn. Um ihn zu lieben, muß man ihn erst einmal gut genug kennen und verstehen. Mit sich selbst beschäftigt und zur Vereinfachung auf Vorurteilen beharrend, scheint mir hier noch viel Nachholbedarf zu sein. Lassen Sie mich den Versuch machen, Ihnen unsere böhmischen Nachbarn durch einen konzentrierten Blick 100 Jahre zurück, auf die beginnende Zwischenkriegszeit näherzubringen.

Tschechien spielte nach dem Ersten Weltkrieg und den Friedensverträgen von St. Germain eine ambivalente Rolle. Während es auf der einen Seite ein Bein bei den Verliererstaaten hatte, hatte es das andere bei den Siegermächten. Österreich erlitt einen Verlust von 2/3 seines historischen Territoriums. Deutschland verlor unter anderem in Polen beachtliche Gebiete. Tschechien mußte als reicher Staat der untergegangenen Donaumonarchie zwar Reparationsgelder zahlen, bekam aber durch Frankreich unterstützt, die Slowakei, die Karpato-Ukraine und von Deutschland das Hultschiner Ländchen bei Mährisch–Ostrau dazu. Es schloß mit Frankreich einen Bündnis- und Friedens-Vertrag und stellte sein Militär unter das französische Kommando von Marschall Foch.

Damit war Deutschland zwischen West und Ost eingeklemmt. Mit seinem Mehrnationenstaat stellte die entstandene Tschechoslowakei spiegelbildlich die Verhältnisse von Altösterreich dar, führte aber nach Gründung einer „Revolutionären Nationalversammlung" ohne

Beteiligung der Minderheiten 1920 und nach Erlass eines Verfassungsgesetzes für einen zentralistischen Nationalstaat eine Entgermanisierung und Entösterreicherung durch. Es mussten die Sitze der Firmenzentralen nach Prag verlegt werden und eine eigene Währung wurde geschaffen. Der neu gewählte Präsident Masaryk sprach von Emigranten und Kolonialisten, obwohl die Deutschen im 13.Jahrhundert willkommen waren. Ein Viertel der Bevölkerung waren Deutschböhmen.

Diese Bezeichnung wurde aus dem Vokabular gestrichen und ihr Einfluss weitestmöglich zurückgedrängt. Ende 1920 kam es zu sozialen Unruhen und Streik. Eine Vielzahl von Parteien hatte sich gebildet. Von der Arbeiterpartei spalteten sich die Linken ab und bildeten einen marxistisch-leninistischen Flügel. Unter Druck von Moskau wurde die Kommunistische Partei KSC gegründet. Sie war die einzige übernationale Partei.

Der erste Präsident der tschechoslowakischen Republik, Tomáš G. Masaryk.
Bild Wikipedia: Autor unbekannt - http://www.sil.si.edu/digitalcollections /hst/ scientific-identity/fullsize/SIL14-M002-01a.jpg

Parallel zu den tschechischen Parteien organisierten sich auch die „Deutschböhmen", die zunächst wenig Kooperationen mit den tschechischen Parteien hatten.

Erst 1926 wurde der reine Nationalstaat durch die Mitwirkung zweier sudetendeutscher Minister überwunden und eine friedliche Zusammenarbeit stand in Aussicht. Während Berlin sich betont, gleichgültig verhielt mit Rücksicht auf die Sudetendeutschen und Hoffnung auf Rückgewinnung, verdichteten sich die Kontakte der Deutschen Nationalsozialistischen Arbeiterpartei DNSAP mit der NSDAP in Deutschland. Nicht ohne gesellschaftliche und politische Auswirkung blieb 1920 die Schwächung der katholischen Kirche, die im Vergleich zu Zeiten von Jan Hus als nicht national gesehen wurde. 700.000 Tausend traten aus und knapp 2 Mio. Gläubige fanden sich in der neu gegründeten Tschechisch-Slowakischen Nationalkirche wieder.

Geprägt von nationalistischen Vorstellungen wurde 1920 auch eine Bodenreform durchgeführt, durch die die teils immensen Besitzungen der Aristokraten umverteilt wurden. Das war in Bezug gesetzt zu den Enteignungen nach dem 30-jährigen Krieg. Die Bäder wurden zwangsverwaltet. Eine Gewichtsverschiebung brachte 1929 auch die Weltwirtschaftskriese. 2/3 der Arbeitslosen waren Sudetendeutsche.

Unterm Strich gelang die interne Integration der verschiedenen Bevölkerungsgruppen zu einem eigenen, starken Staat zu wenig. Das Bild des Anfangs der Republik von Gewinnern und Verlieren blieb bestehen und verhinderte ein stärkeres, europäisches Gemeinschafts-Gefühl. Eingeklemmt zwischen den Machtblöcken und hin- und hergerissen von den Bevölkerungsteilen, die mit den Nachbarn paktierten, führte das Schicksal der ersten Republik schließlich durch den deutschen Nationalsozialismus und das Münchner Abkommen, wobei das Einknicken der Franzosen besonders demoralisierend war, zu einem weiteren Trauma der Tschechen und endete mit der Besetzung der Republik und dem erklärten Ziel die Slawen zu eliminieren. Eine Chance auf eine friedliche, europäische Gemeinschaft war wieder einmal verspielt und die Bevölkerung musste leiden.

Gute Wünsche Euer Wenzel

AHOI!

Wenn Sie sich für Ihre Nachbarn interessieren und beweglich genug sind, führe ich Sie heute in einen tschechischen Landstrich, von dem und dessen Schicksal Sie vermutlich noch nie etwas gehört haben. Ist die Geschichte Tschechiens schon tragisch wechselhaft, so übertrifft die des Landstrichs im Südosten sie noch um einiges. Dazu kommt, daß die Einwohner dort mit uns politisch fast noch stärker verbunden sind als die deutschstämmigen Landsleute im Sudetenland. Ich spreche vom Hultschiner Ländchen (tschechisch Hlučínsko, polnisch kraik hulczyński, ziemia hulczyńska, im Kreis Okres Opava) an der mährischen Grenze zu Polen, genau entgegengesetzt dem Böhmerwald und deswegen auch nicht so in unserem Blick.

Mit ca.70.000 Einwohnern ist der Landstrich nach einem Städtchen dort benannt und liegt zwischen den nordmährischen Städten Tropau und Ostrau. Seit 1335 gehörte er geographisch als schlesischer Teil zur Krone Böhmens. Im Österreichischen Erbfolgekrieg entriss es der „Alte Fritz" der jungen Maria Theresia zusammen mit ganz Schlesien. Der Schlag war hart für die Bevölkerung, da sie katholische Slawen und somit dem protestantischen Preußen abhold waren.

Nach und nach genossen sie mit besseren Lebensbedingungen und der Glaubenstoleranz Preußens ihre verbesserte Situation. Eingegliedert in den Verwaltungsbezirk Ratibor gingen die Unruhen von 1848 an ihnen vorbei und die Gegend reifte um 1870 zu einer blühenden Landschaft. Die Bürger behielten ihre Identität und gewannen die preußischen Tugenden hinzu. Heute würde man von einer gelungenen Integration sprechen. 1870/71 zogen die Hultschiner mit den Deutschen in den Krieg gegen Frankreich und standen auf der Gewinnerseite, anders nach dem 1.Weltkrieg.

Trotz eines überwältigenden Votums als Verlierer bei Deutschland zu bleiben, schlug sie der Versailler-Vertrag der Tschecho-Slowakei (ČSSR) zu. Waren die Hultschiner bereits germanisch angehaucht, so versuchte die ČSSR sie jetzt wieder zu repatriieren. Neben „kolonialem" Druck durch die ČSSR belastete auch die wirtschaftliche Situation wieder das Verhältnis. Tausende wanderten aus, viele gingen als Hausierer in den Westen. Die Daheimgebliebenen näherten sich aus Widerstand der Sudetendeutschen Partei (SDP) und der NSDAP an.

Leichtgläubig wurde die „Befreiung" 1938 durch Hitler begrüßt und der Anschluß wieder an Deutschland und den Kreis Ratibor gefeiert. Die Desillusion folgte, als Hitlers Slawenhass immer deutlicher wurde, ein Viertel der Soldaten tot war, das Land als Einfallstor für die Russen evakuiert- und dort heftig gekämpft wurde.

Nach Kriegsende 1945 wieder auf der Verliererseite, folgte der dritte, zwangsweise Seitenwechsel. 700 Bürger flohen, 2300 wurden ausgewiesen. Nur nach Einzelprüfung wurden wieder tschechische Pässe vergeben. Nach der Machtergreifung der Russen 1948 sollte nochmals eine Säuberungswelle die „Verräter" zur Verantwortung ziehen. Deutschland zahlte Renten und Förderungen. Die wiederum weckten Neid der übrigen Bevölkerung, ebenso die Tatsache früher Arbeitsmöglichkeiten im EU-Ausland, da viele Hultschiner eine doppelte Staatsbürgerschaft haben. Noch heute hält das deutsche Konsulat Sprechtage im Hultschiner Ländchen und prüft Voraussetzungen für weitere Anerkennungen deutscher Staats-Angehörigkeit.

Bei all dem Hin und Her und den Verlockungen für eine Nation Partei zu ergreifen, haben die Hultschiner ihre spezielle Identität bewahrt, Auskommen mit jedem „Machthaber" gesucht und sich den jeweiligen Anforderungen gestellt.

Euer Wenzel

April: Was denkt und fühlt der Tscheche?

AHOI!
An was denkt Ihr, liebe bayerische Nachbarn, wenn Euer Blick auf uns Tschechen fällt?

Auch über Euch haben wir so unsere Vorstellungen. In der Vergangenheit haben wir uns im letzten Jahrhundert nichts geschenkt. Ihr wart die ersten, die uns befehdet haben und ihr wart so viel stärker. Auch wenn Rache süß ist, wäre es sicher klüger gewesen, wir hätten nach dem Krieg 1945 als Sieger souveräner und vorrausschauender reagiert. So macht halt jeder seine Fehler. Lasst uns daraus lernen, nach vorne und auf das Schöne schauen! Wenn wir mehr miteinander reden und uns besser kennen würden, wäre manches freundlicher. Zum Reden und Verstehen braucht man nicht nur Zunge und Kopf, sondern auch Herz und zweisprachige Freunde. Für Eure Nachbarn im Westen und Norden reicht Eure Muttersprache auch nicht. Wir Slawen tun uns da mit den Polen, Ukrainern, Slowaken, Slowenen, Bulgaren und Russen schon leichter.

Bei uns hat sich seit dem EU-Beitritt – auch dank Eurer Hilfe – viel bewegt und Euer Blick auf uns sollte aktualisiert werden. Wir haben unsere Straßen, Dörfer und Häuser renoviert, die weltberühmten Kulturdenkmäler aufpoliert und die Gastronomie bezüglich der Böhmischen Küche erhalten, aber die Einrichtung modernisiert. Wäre unsere Küche nicht so herz- und schmackhaft, hätte sie nicht im 19.Jahrhundert ganz Wien erobert. Wie beim Essen, so spielen auch bei unseren weltbekannten Bieren die günstigen Preise eine Rolle. Nicht von ungefähr sind wir immer noch Weltmeister im Biertrinken. Aber auch die Musik, vor allem die Blasmusik, zeigt viel Verwandtschaft. Kunst und Kultur hat sich bis in die Regionalstädte intensiviert. Überall gibt es Museen und Stadtfeste. Bezüglich Trickfilmen sind wir Weltspitze. Bei Fußball kann man das nicht sagen, aber wir haben in der ganzen Welt viele bekannte Legionäre. Der beliebteste Sport bei uns ist Eishockey und wir schwärmen immer noch davon, daß wir die Russen in der Weltmeisterschaft geschlagen haben.

Unsere Langläuferinnen sind heute Weltspitze. Sportlegenden wie Emil Zatopek mit drei Goldmedaillen bei der Olympiade 1952, oder die Tennisspieler Ivan Lendl und Martina Navratilova sind auch bei Euch nicht vergessen. Auch was die Skipisten angeht, hat der Wintersport eine Renaissance bei uns erfahren und für manche Landstriche bei Euch sind unsere Pisten näher als die Alpen. Aber auch im Sommer hat die von Goethe schon besungene Landschaft den Reiz, da sie nicht überlaufen ist.

Trotz all dem Anschluss an die Moderne haben wir uns manch Typisches erhalten und die Charakterisierung des braven Soldaten Schwejk ist nicht ganz aus der Luft gegriffen. Wir sind gemütlich und gewieft. Unsere slawische Seele ist sensibel und nimmt vieles persönlich. Auch können wir unseren Gefühlen beim Feiern freien Lauf lassen. In der Arbeit liegt uns das Improvisieren mehr als das Planen, auch wenn die moderne Verwaltung zur Zeit die Preußen in Bürokratismus übertreffen will.

Foto: Grenzübergang bei Kuschwarda / Strážný

Natürlich haben wir auch kleine, menschliche Fehler. Gebt zu, daß Ihr auch welche habt! Zusammen können wir uns nicht nur verbessern, sondern auch verstärken.
                                                                    Euer Wenzel

AHOI!

Gegen Jahresende jährt sich zum 400.Mal ein historisches Ereignis, das es weniger zu feiern als zu bedenken gilt, die Schlacht am Weißen Berg bei Prag 1620. Sie war eine Schicksals-Schlacht mit langer Vorgeschichte und unabsehbaren Folgen bis heute. Im Gegensatz zu anderen berühmtem Schlachten führte sie weniger zum entscheidenden Sieg, sondern war mehr der Auftakt eines der längsten (30 Jahre) und grausamsten Kriege, der weite Kreise zog und Europa unsägliches Leid brachte. Die Bayern waren dabei besonders betroffen nicht nur ihr Land als Schauplatz, sondern auch sie als Akteure.

In Böhmen hatten die protestantischen Stände den habsburgischen Kaiser Ferdinand gestürzt, seine Stadthalter zum Fenster hinausgeworfen und den calvinistischen Friedrich von der Pfalz – einen Wittelsbacher - zum König gewählt. Hier brachen alte religiöse und machtpolitische Konflikte auf. Vorausgegangen war ein Zusammenschluss protestantischer Fürsten (Pfalz, Anhalt und Frankreich) als Union und ein Jahr später die Gründung der Liga mit den katholischen Fürsten unter Führung des Bayernherzogs Maximilian. Zum Präludium gehörte auch der Bruderzwist zwischen den Habsburgern Rudolph und Matthias, in den der Passauer Bischof, Erzherzog Leopold von Habsburg, 1611 sich einmischte und mit einem Heer nach Prag zog, um selbst die Königs- und Kaiserkrone der Familie zu retten. Vergebens!

Die rebellischen und ketzerischen Zustände in Prag sahen sich die Habsburger nicht in der Lage, diplomatisch zu lösen und so zogen sie in Schulterschluss mit der Liga unter bayerischer Führung mit Waffen gegen Prag. Kurz vor Prag kam es zur Schlacht, die trotz hoher Verluste bei der Liga vernichtend für die Union endete. Sie dauerte lediglich zwei Stunden, was u.a. daran lag, daß die Söldner der Union noch auf Sold wartend wenig Kampfesfreude zeigten.

War der Aufstand gebrochen, die Schlacht geschlagen so mischten sich jetzt mit eigenen Interessen die anderen europäischen Mächte ein und der Krieg, in dem vor allem die Schweden eine historische Rolle spielten, wälzte sich in Europa auf und ab. Hier kann auch die Rolle von Wallenstein, der der Kontrolle des Kaisers entglitt und in Eger ermordet wurde, nicht unerwähnt bleiben.

Der Westfälische Frieden beendete schließlich 1648 das sinnlose Gemetzel, aber der Schaden war durch die Entvölkerung allen Ortes, die auch noch durch Pest verstärkt wurde, die verbrannte Erde und die politischen Folgen für die Böhmen katastrophal und Potential für weitere Konflikte.

Bild: Wallenstein/Albrecht von Waldstein - Autor unbekannt
http://digi.ub.uni-heidelberg.de/fwhb/klebeband1
Grafik aus dem Klebeband Nr. 1 der Fürstlich Waldeckschen Hofbibliothek Arolsen

Die Hinrichtung von 27 Anführern, sowie die Vertreibungen, die Enteignungen, die Verteilung von Besitz an ausländische Adelige, die Neuansiedlung Deutsch-Sprachiger, die Einführung von Deutsch als Amtssprache, die Rekatholisierung und die Einführung des erblichen Königtums waren für die Tschechen schwere Brocken. Sie nannten den folgenden Absolutismus bis zum Ende des 1.Weltkrieges „Temno", die dunkle Zeit.

Maximilian hingegen gewann zwar nicht die Pfalz, aber die Kurwürde und die Oberpfalz.

Mit ihren Folgen gehört die Schlacht am Weißen Berg zu einem der Traumata der Tschechen. Über das erste, die Verbrennung von Jan Hus, haben wir uns schon unterhalten. Wie präsent die Geschichte für die Tschechen noch heute ist, zeigt der Streit im Prager Stadtrat, ob ein Künstler die Marienstatue, die die Habsburger am Altstädter Ring nach der gewonnen Schlacht aufgestellt hatten und die die Tschechen aus Rache 1919 niederrissen, wieder aufstellen darf. Ebenso wird seit 1890 über die Platzierung eines Hus-Denkmals gestritten.

Seit der Äußerung Papst Benedikts XVI. bei seinem Böhmen-Besuch: „Wir müssen die Rolle von Hus neu überdenken", vertragen sich vielleicht Maria und Hus in unmittelbarer Nähe. Auch was unsere Marienverehrung angeht, sollte daran erinnert werden, daß vor der Schlacht 1620 ein Karmeliten Pater mit einem Bild der Heiligen Familie aus dem gebrandschatzten Schloß in Strakonice durch das Lager der Liga ging und die Soldaten und den Sieg Maria widmete.

Das Heer stürmte dann mit dem Schachtruf „Santa Maria" auf die Gegner los. Mit dem Siegestriumph nahm Maximilian den Titel „Patrona Bavariae" mit nach München zurück. 1632 wurde ihr hier mit Errichtung der Mariensäule für die Verschonung Münchens und Landshuts vor den Schweden gedankt. Ludwig III. erbat 1917 bei Papst Benedikt XV. die Aufnahme eines eigenen kirchlichen Feiertags in den Jahreskalender. Mit eigenem Messtext stiftete der Papst das Marienfest „Patrona Bavariae" für den 14.Mai. 1971 verlegte die Bayerische Bischofskonferenz das Fest auf den 1.Mai. Wer weiß heute schon, daß unsere bayerische Marienverehrung großteils auf die „Schlacht am Weißen Berg" zurückgeht?

Dass Maria uns den Frieden erhalten möge!

Euer Wenzel

Juni: Religion und Kirche als Kulturträger in Böhmen

AHOI!
Die Sehnsucht nach Kultur, sozialen Kontakten und offenen Grenzen nahm in der Zeit der Isolation durch die Pandemie zu.

Bald haben wir die Gelegenheit, den Träumen auch wieder Taten folgen zu lassen. Ich konnte zwar nicht mit Videos für die Wohnzimmer dienen, jetzt kann ich Ihnen aber einen spannenden Weg zu historischer Kultur, spannenden Beziehungen und Begegnungen am Beispiel unseres Nachbarn „Böhmen" zeigen. Wesentliche Träger von Kultur und Geschichte sind bis ins letzte Jahrhundert weitgehend Religion und Kirche. Auch wenn das Thema heute so manchen peinlich erscheint, verlangt es eine aufgeklärte Herangehensweise und Fakten sachlich zu sehen. Diese sind in unserem Nachbarland besonders interessant und für das Verständnis von Geschichte und Beziehungen wichtig.

Schon bei der Christianisierung in der zweiten Hälfte des ersten Jahrtausends markierte Böhmen die Grenzlage zwischen dem fränkischen und dem slawischen Machtbereich. Konkret kam von Bayern im Westen eine erste Missionierungswelle und von Byzanz mit den Aposteln Kyrill und Method kurz darauf eine aus dem Osten. Von Regensburg aus wurde das Bistum Prag gegründet, von Method Ludmilla, die erste christliche Herrscherin Böhmens getauft (838). Sie war die Großmutter vom Hl. Wenzel, eine Vorfahrin unserer bayerischen Herzogin Ludmilla, Frau (+1204) von Ludwig dem Kehlheimer und spätere Äbtissin von Kloster Seligenthal bei Landshut. Der „Westkirche" passte der Einfluss der „Ostkirche" nicht. Method soll sogar von den bayerischen Bischöfen festgesetzt worden sein. Schließlich sprach der Papst zu Gunsten der Byzantiner ein Machtwort und ihre Mission wurde legalisiert.

Die beiden Slawenapostel haben den Verdienst, mit der „kyrillischen" Schrift das Evangelium unters Volk gebracht zu haben und auch bis heute ein etwas östliches Flair in die Liturgie. Sie wurden vom Hl. „Slawenpapst" Johannes Paul II. zu Europaaposteln erhoben.

Auch weil Böhmen am Vatikanischen Konzil nicht teilnehmen konnte, gibt es bis heute hier unterschiedliche theologische und liturgische Ausformungen.

Ein weiteres, wesentliches Element für die Kirche in Böhmen war 100 Jahre vor Luther ein theologischer Streit bis hin zu Krieg und Kreuzzug, den der Reformator Jan Hus auslöste. Er ist bis heute Nationalheld und tschechische Identifikationsfigur. Von ihm habe ich bereits (September 2019) im Zusammenhang mit dem ersten nationalen Trauma der Tschechen berichtet.

Von katholischer Seite und den Habsburgern wurde versucht, nach dem 30-jährigen Krieg über die Jesuiten den Hl. Johann Nepomuk dem Reformator Hus als Nationalheiligen, nicht ohne Glorifizierung, gegenüberzustellen.

Historisches Bild der Hussitenstadt Tábor

Nach starker nationaler Erweckung im 19.Jahrhundert und dem Untergang des Habsburgerreiches mit Ende des 1.Weltkrieges (1919) fand ein Rückgriff auf das hussitische Selbstverständnis statt.

Verbunden mit einer theologischen Bewegung, die von modernistischen Klerikern mit Forderungen wie: „Los von Rom, Abschaffung des Zölibats" verbunden war, kam es erneut zu einem Schisma und eine „tschecho-slowakische Kirche" spaltete sich von der katholischen ab. Daneben vollzog sich in der tschechisch-protestantischen Kirche, verbunden mit den „Böhmischen Brüdern" und der „Unität der böhmischen Brüder" eine weitere historische Rückbesinnung auf die nationale Identitätsfigur „Hus".

In der ersten Republik Masaryks herrschte Toleranz und eine Offenheit für neue spirituelle Bewegungen. So wurde nicht nur die orthodoxe Kirche, sondern auch viele andere wie die Juden, die Zeugen Jehovas, die Pfingstler, die Heilsarmee usw. gestärkt. Mit der national-sozialistischen Zeit ab 1938 begann wieder eine Zeit religiöser Unterdrückung und Verfolgung (aus dem Westen), vor allem der Juden und der großen Kirchen. Im Protektorat war der Passauer Bischof Simon-Konrad Landesdorfer als Administrator der Diözese Budweis eingesetzt. Mit dem Regimewechsel zur zweiten Form des Totalitarismus, dem Kommunismus (1945) verschärfte sich der Kampf gegen Kirche und Religion (aus dem Osten).

Die diplomatischen Beziehungen zum Heiligen Stuhl wurden abgebrochen, Kardinal Beran in Hausarrest gesteckt, Priester und Nonnen deportiert und in Schauprozessen verurteilt, in Zwangsarbeit gesteckt, getötet, Klöster und Kirchen enteignet, zweckentfremdet und zerstört. Zum Überleben und um die Sukzession zu sichern, ging die katholische Kirche in den Untergrund. Zur Täuschung organisierten die Kommunisten als "Katholische Aktion" eine eigene Bewegung. Schon in dieser Zeit gab es heimliche Unterstützung der Kirche aus dem Westen, so z.B. von der 1946 gegründeten „Ackermann- Gemeinde".

Nach dem Zusammenbruch des Kommunismus und der „Samtenen Revolution" (1989) war eine große Sinnleere und ein geistiges Vakuum vorhanden. Die Hoffnung, eine neu erstarkte, ideelle Institution könnte es füllen, überforderte die Kirche personell und materiell total.

Erst langsam konnte sie sich u.a. mit Hilfe von „Renovabis" und vertriebener Sudetendeutschen erholen. Wie zwischen Passau und Budweis wurden etliche Partnerschaften aus der Taufe gehoben. In Böhmen entstanden zwei neue Bistümer (heute 7) und ein erfolgreicher Caritasverband wurde aufgebaut. In Prag und Budweis gibt es wieder eine theologische Fakultät. 2004 besuchte Papst Benedikt Böhmen und warb für die katholische Kirche auch dadurch, daß er eine „Neubewertung des Ketzers Hus" anmahnte. Mittlerweile wurde ein Gesetz zur Rückgabe konfiszierten Kirchengutes erlassen, aber seine Umsetzung wird immer wieder durchkreuzt. Kirchensteuer gibt es keine. Die Kirche selber beklagt heute weniger die Beschränkung der Mittel als den Priestermangel und die mangelhafte „Begeisterung".

Viele Seelsorger kommen heute aus Polen. Pfarrgemeinderäte sind selten, katholische Verbände nicht wieder auferstanden. Waren 1950 noch 76% der Bürger als katholisch registriert, sind es heute ca. 25%. Nicht zu Unrecht verteidigt sich die tschechische Kirche dazu mit Hinweis auf unsere „Taufscheinkatholiken". Das Schwinden des Glaubens verhindert nicht das Aufrechthalten äußerer Formen. So halten sich religiöse Bräuche und jedes Dorf legt Wert auf eine „anständige" Kirche. Auch internationale, theologische Kontakte sind wieder installiert. Der tschechische Vorzeigetheologe ist zur Zeit der hochdekorierte Prof. Tomáš Halík, der u.a. ein vielbeachtetes Plädoyer für die Suche Europas nach einer tieferen Spiritualität hielt.

In (Corona-)freien Zeiten ist der Begegnung, dem Dialog, der Gemeinschaft und Schritten über die Grenze kein Einhalt mehr geboten, dann kann europäische Gemeinschaft wieder ausgebaut werden, z.B. durch Pfarrpartnerschaften. Vielleicht kommt ja noch einmal eine Zeit, wo wir sie verstärkt brauchen, unsere Nachbarn!

Alles Gute

Euer Wenzel

AHOI!
Heute, liebe Rathausfenstergucker, wollen wir den 75. Jahres-Tag des Kriegsendes zum Anlass nehmen, nicht auf unsere diesbezüglichen Wunden zu schauen, sondern auf die, die wir unseren Nachbarn in Böhmen geschlagen haben und versuchen, aus Leid zu lernen, Nachbarn besser zu verstehen und die Zukunft aller durch verständnisvolle Gemeinsamkeit zu sichern.

Wir wollen damit das dritte Trauma Tschechiens in den Blick nehmen, nach der Verbrennung ihres Nationalhelden Jan Hus und der Fremdherrschaft nach der Schlacht am Weißen Berg, die Einkassierung und Besetzung durch Nazideutschland. So manche Lücken in unseren Schulbüchern lassen das selbst erfahrene Leid durch die Nazis oft größer erscheinen als das anderen zugefügte. Mit etwas Abstand wächst auch die Objektivität. Hinzu kommt, daß wir uns in den Erlebnis-Horizont jener versetzen müssen, deren damaliges Empfinden, Verständnis und Handeln oder Unterlassen es zu verstehen gilt. Um Sie liebe Leser nicht zu überfordern, will ich Ihnen das Schicksal der Tschechen zwischen 1938 und 1945 in zwei getrennten Beiträgen näherbringen.

Die auch für uns letztendliche Katastrophe hatte eine lange Zündschnur, das Zündholz aber wurde am 30.September 1938 um 1.30h im Führerbau in München an die Lunte gelegt. Auf Initiative von Mussolini wurden von den Westmächten im Münchner Abkommen, ohne Anwesenheit der Tschechoslowakei (CSR), die Landstriche der Sudetendeutschen, auf denen sie seit hunderten von Jahren siedelten, dem Deutschen Reich zugeschlagen. Hitler hatte geschickt Frankreich und England eingeschläfert, eingeschüchtert und über den Tisch gezogen. Auch der Anführer der politisierten Sudetendeutschen und Gesinnungsgenosse von Hitler, Konrad Henlein, half schon in der Vorphase heftig mit, den Engländern den Versailler Vertrag zweifelhaft erscheinen zu lassen.

Foto: Führerbau in München

Ab dem 17.September 1938 begann er bereits mit dem von ihm gegründeten „Sudetendeutschen Freikorps" (mit Zentrale in Bayreuth), tschechische Dienststellen anzugreifen. Auf dem Weg zur Germanisierung und Ausrottung der slawischen Rasse hatte Hitler bereits 1937 seinen Generälen das Endziel eröffnet, am 27.September 1940 dann seine Pläne zur "Umvolkung (Eismeer!), Rückvolkung und Liquidierung" präzisiert. Im Herbst 1938 war die Gelegenheit günstig, den Ruf der politisierten Sudetendeutschen und die Schwäche der Westmächte zu nutzen, um durch kampflosen Zugriff eine der wenigen damals in Mitteleuropa noch funktionierenden Demokratien, in deren Land zudem eine hervorragendes Rüstungspotential winkte, zu kassieren und dem Endziel näherzukommen. 213.000 Sudetendeutsche erahnten nach Hitlers Reichstagsrede 1938 bereits den Übergriff und flohen.

Polen und Ungarn nahmen sich am Münchner Abkommen ein Beispiel und verleibten sich die Siedlungsgebiete ihrer Volksgruppen in der CSR ein. Damit war die Tschechoslowakei ohne Waffengang unversehens ein Drittel kleiner.

Verlassen von Freunden nutzen den Tschechoslowaken ihre bereits im Mai angeordnete Mobilmachung (inkl. ca. 300.000 Sudeten-Deutscher), ein kompletter Wehrwall und ein Verhandlungsangebot im Juli nichts gegen die von den Westmächten politisch vereinbarte Errichtung des „Sudetengaues" 1938. Des Weltmachtstrebens Hitlers nicht genug, trotz Sicherheitsgarantien marschierte er im März 1939 in die CSR ein und besetzte die Rest-Tschechei als Protektorat auch militärisch. 173.000 Beamte und 3.000 tschechische Offiziere werden entlassen. Diese und andere gründen das „Politische Zentrum", dessen harter Kern in den Widerstand geht und radikale Zukunftspläne schmiedet.

Staatspräsident Benesch flieht nach England und bildet dort eine Exilregierung, die Verbindung zum heimischen Widerstand hält. Schlimm erwischt es die politischen Flüchtlinge (20.000-30.000 Kommunisten, Sozialisten ...), die sich in die CSR in Sicherheit bringen wollten. Sie betrieben vor 1938 im Reich Widerstand und Sabotage. Ungefähr 10.000 von ihnen (z.T. von den Tschechen verraten) kamen in Haft.

Bei Demonstrationen zum Nationalfeiertag 1939 in Prag wird ein Student erschossen. Daraufhin werden alle Hochschulen dicht gemacht und 1200 Studenten ins KZ Oranienburg gesteckt. Die Stimmung der meisten Sudetendeutschen kippt bereits 1939. Die Slowakei wird abgespalten, so daß sich die Repressionen jetzt auf die „Tschechei" konzentrieren.

Den 2.Teil des sich ausweitenden Dramas, nicht nur für unsere Nachbarn, führe ich Ihnen das nächste Mal vor Augen.

Euer Wenzel

AHOI!

Mit diesem Beitrag, liebe Leser, setzen wir den Blick auf das Schicksal unserer östlichen Nachbarn im 2.Weltkrieg, bis zu seinem bitteren Ende vor 75 Jahren, fort.

Mit der offiziellen Kriegserklärung und dem Einmarsch der Wehrmacht am 1.September 1939 in Polen und (endlich?!) der Mobil-Machung der Westmächte ist der 2.Weltkrieg eröffnet. Wie schon der 1.Weltkrieg entzündet er sich am europäischen Ost-Westkonflikt(!). Natürlich verschärft der allgemeine Kriegszustand jetzt auch den Verwaltungsmodus im Protektorat.

Ab 1940 werden im Rahmen der Rassenplanung tschechische Kinder geraubt und in deutsche Familien oder Heime gebracht. In mehreren Wellen überzog der Rassenterror jetzt das Land wie im Altreich, nur mit dem Unterschied, daß die Slawen und nicht nur die Juden, als minderwertig galten und als Soldaten und mit ihrer Industrie nur zur Stärkung der Streitkräfte gebraucht wurden. SS-Obergruppen-Führer Heydrich leitet ab September 1941 eine neue Unterdrückungs-Welle ein. 135.000 Zwangsarbeiter werden ins Reich deportiert. Das sind weniger als aus Polen. Von den ca. 118.000 Juden in der CSR können ca. 20.000 noch auswandern. Der Rest kommt weitgehend in das (perfide organisierte) Ghetto nach Theresienstadt. Von dort landen ca. 90.000 in Auschwitz.

Foto: München, Platz der Opfer des Nationalsozialismus

Im März 1942 fällt Heydrich Attentätern zum Opfer. Die Vergeltung dafür folgt mit der Liquidierung von zwei Dörfern und 1585 Tschechen auf dem Fuße. Er wird ersetzt vom stellvertretenden Gauleiter, dem SS-Polizeiführer und deutschen Staatsminister für das Protektorat Böhmen und Mähren, Karl Hermann Frank aus Südböhmen. Herausgewachsen aus den militanten Kadern der Sudetendeutschen zieht er die Zügel in der zweiten Phase des Krieges noch einmal an. Benesch hatte mit Moskau Kontakt aufgenommen und schon mal über Nachkriegslösungen nachgedacht.

Nachdem Russland in den Krieg eingetreten war, wendete sich seit Stalingrad das Blatt. Zu passivem Widerstand und subtiler Sabotage seitens der Tschechen kamen jetzt von Moskau unterstützte Kommandos, Partisanentätigkeit und 1944 Aktionen von Fallschirm-Springern. Frank versuchte mit Inhaftierungen und ca. 100 standrechtlichen Erschießungen pro Monat, die Lage noch unter Kontrolle zu halten. Aber die Würfel waren gefallen.

Als Vorboten der Roten Armee fielen dann im Winter 1944 ca.300.000 – 400.000 Flüchtlinge aus dem Osten in der Tschechei ein. Nach dem Aufstand von Prag kapitulierte schließlich die Wehrmacht. Am 10.05.1945 übernahm die CSR Regierung wieder die Macht und unter großem Jubel wurde Beneschs Rückkehr am 16.Mai 1945 als Präsident gefeiert.

Was in München begann endete nach 7 Jahren mit 60 Millionen Toten weltweit, Verkrüppelten, schmerzlichen Territorial-Verschiebungen und millionenfacher Vertreibung und Flucht, auch der ca. 3 Mio. Sudetendeutschen, zum überwiegenden Teil loyal zur CSR.

Reichen 75 Jahre aus, um aus dem apokalyptischen Geschehen durch ideologischen Fanatismus und Gewalt die Lehren für ein respektvolles und friedliches Miteinander in einem enger werdenden Europa zu ziehen?

Mit guten Wünschen

Euer Wenzel

AHOI!
Hatten Sie schönen Urlaub trotz Beschränkungen?
Vielleicht auf See, vielleicht im Gebirge oder doch daheim?

Ich will heute einen speziellen „Ausflug" mit Ihnen zu einem wenig beachteten „Gebiet" machen, der vormaligen Öffnung unseres Nachbarlandes Böhmen nach Europa durch die Juden. Ihre ersten Aktionen in der Mitte des 10. Jahrhunderts in Böhmen, gehen über Europa, aber auch unser Wohlgefallen, hinaus. Sie verdienen als Menschenhändler gutes Geld. Aus böhmischen Expansionsgebieten liefern sie Gefangene an arabische Märkte. Kein guter Einstieg in die Geschichte! Aber es liegt nicht an diesen Untaten, daß sich der Unmut in den nächsten Jahrhunderten in Wellen der Verfolgung und der Toleranz immer wieder abwechseln. Es liegt an alten Religions-Streitigkeiten und Missgunst. Auch in den Nachbarländern ereignen sich zeitversetzt Judenpogrome, die Fluchten nach Böhmen auslösen und so entsteht neben den internationalen Geschäftsbeziehungen durch Einwanderung und Auswanderung, ein stetiger Austausch und Bewegung. Im 13.Jahrhundert verbreiten sich die Juden mit gestärkten Bürgerrechten und der Städtebautätigkeit von Ottokar II. im und aufs Land.

Im 16./17.Jahrhundert war Prag das Zentrum der Europäischen Juden. Starken Zuwachs bekamen sie Mitte des 17.Jahrhunderts durch die Gräueltaten der Kosaken in Polen. Der jüdische Stadtteil in Prag war von einer Mauer umgeben. Er verfügte über das älteste jüdische Gebetshaus, die 1270 erbaute Altneu-Synagoge und 1512 die erste Druckerei Mitteleuropas. Mordechai M.Maisl hatte das jüdische Rathaus gestiftet und Jehuda ben Bezalel geht mit dem Namen Rabbi Löw als Schöpfer des „Golem" in die Geschichte und Literatur ein.

Nach einem Brand 1689 unterstützen die ausländischen Juden ihre Glaubensbrüder, sodass sie sechs Synagogen neu aufbauen können. Das war die jüdische Blütezeit. Um 1700 waren in Prag von ca. 40.000 Bürgern ca. 11.500 Juden. Ein Drittel aller Juden siedelt auf dem Land.

Dort hatten sie eine Scharnierfunktion zwischen den Grundbesitzern und der übrigen Bevölkerung.

Bild: Der Judenfriedhof in einem kleinen Ort in der Nähe von Týn an der Moldau. Die Juden durften nicht in der Stadt beerdigt werden

Unter Maria Theresia beginnen wieder gesetzliche Schikanen: Nur der Älteste einer Familie bekam z.B. Heimat- und Wohnrecht, nur Hausbesitzer waren zu Handel und Gewerbe berechtigt, das Tragen von Bärten und des Judensterns waren Zwang, Leibmaut und doppelte Gerichtsgebühren mussten bezahlt werden. Schließlich verwies Maria Theresia 1744 alle Juden aus Böhmen. Erst durch Protest der Konkurrenten, der Zünfte, kam es zu Erleichterungen und dem Toleranzpatent unter Joseph II. Jetzt wurden zusätzliche Berufe erlaubt aber die Steuern blieben drei Mal so hoch als bei den Christen und alle Geschäftsbücher sollten auf Deutsch geführt werden. Zudem mussten die jüdischen Namen eingedeutscht werden. Das führte oft dazu, daß noch antisemitische Beamte den Juden Spottnamen verpassten.

Durch die vormaligen Judengesetzte war der jüdische Teil der Altstadt zum Ghetto verkommen. Später wird die Mauer beseitigt, die Häuser saniert und der Bezirk als Josefsstadt zum 5. Stadtteil Prags.

In der ersten Hälfte des 19 Jahrhunderts beginnt vor allem in den deutschen Städten die Industrialisierung. Das betrifft das nördliche und nordwestliche Böhmen, den späteren Sudetengau. Dieser Entwicklung folgen viele Juden. Sie sprechen meist Deutsch und sind zum Teil wohlhabende Kaufleute aus Deutschland. Dazu kommt auch, daß in den jüdischen Gemeinden in Böhmen, im Gegensatz zu den Gemeinden in Mähren, ein lasches Judentum existiert und viele Gemeinden von deutschen Rabbinern betreut werden.

In der ersten Republik ab 1918 gilt Präsident Masaryk als Vater der Juden. Er kann aber nicht verhindern (wegen der Identifikation der Juden mit den Deutschen), daß ihr Rathaus in Prag gestürmt wird. Dennoch erreicht Prag im 20.Jahrhundert einen kulturellen Höhepunkt in dessen Literatur Juden wie z.b. Kafka, Werfel, Brod und Kisch in deutscher Sprache zu Weltruhm gelangen.

Viele Juden gehören nur ethnisch dieser Minderheit an. In Böhmen hatten die Juden meist ein liberales Verhältnis zu ihrer Religion. Anders in Mähren, wo neben streng orthodoxen auch zionistischen Gruppen entstanden, die eine Organisation bildeten. Daneben entwickelte sich auch eine tschecho-jüdische Bewegung, die in den Synagogen die tschechische Sprache fordert. Bei den Parlamentswahlen 1925 und 1935 kandidierte eine jüdische Partei und gewinnt jeweils zwei Mandate.

Das schlimme Schicksal der Juden unter der Naziherrschaft hatte ich Ihnen bereits geschildert. Paradoxerweise traf die überlebenden oder zurückgekehrten Juden unter den Kommunisten zunächst wegen ihrer Deutschsprachigkeit ein ähnliches Schicksal wie die Deutschen. 24.000 wandern nach Israel aus. Ein Zeichen des latenten Antisemitismus ist auch das Todesurteil für zehn Juden, die im sogenannten „Slánský-Prozess" des Zionismus beschuldigt und 1952 gehängt werden.

Erst im Prager Frühling und nach der Samtenen Revolution entspannt sich das Verhältnis. Heute leben etwa 3.900 Juden in zehn Gemeinden in Tschechien. 2011 bekannten sich davon nur mehr 1.132 als gläubige Juden. Die meisten Synagogen sind zweckentfremdet und die Friedhöfe – meist außerhalb der Städte – im besten Fall aus historischer Reminiszenz erhalten. In Mähren ist das Judentum noch präsenter. Wo die christlich-jüdischen Wurzeln in einem europäischen Land absterben, da reißen die kulturelle Kontinuität und die grenzübergreifenden Verbindungen.

Foto: Die zum Museum umgewandelte Synagoge in Bechyne

Alles Gute
Euer Wenzel

AHOI!

Heute, liebe Leser, will ich mit Ihnen eine der berühmtesten und „schillerndsten" Personen Böhmens in den Blick nehmen, um die sich bis heute Dichtung und Wahrheit wie selten ranken.

Ich kann Ihnen nur an der Oberfläche einen Eindruck verschaffen von der Zentralfigur und den sie umstellenden Zuständen nach Ende des Mittelalters im Europa um uns herum. Die Rede ist vom Feldherrn und Politiker Wallenstein. Eigentlich hieß er Albrecht Waldstein (1583-1634) und entstammt einem alten böhmischen Adelsgeschlecht, das seinen Namen von seiner Stammburg aus dem 13.Jahrhundert ableitet, die von deutschen Baumeistern errichtet und benannt wurde. Erst durch Friedrich Schillers Drama wurde aus Waldstein Wallenstein. Verbrieft aber ist, daß er auch schon vorher als Wallenstein unterschrieben hatte.

Wallenstein wurde protestantisch getauft und erzogen. Mit 11 Jahren kam er als Waise in die Obhut eines Onkels, wurde von den „Böhmischen Brüdern" erzogen und in der protestantischen Akademie gebildet. Bis zum Alter von 15 sprach er nur Tschechisch, dann lernte er Deutsch, Latein und Italienisch. Deutsch wurde schließlich seine Umgangssprache. Er studierte in Padua und Bologna. In seiner Jugend fiel er durch mehrere Gewalttaten auf. Auf Schloß Ambras bei Innsbruck kam er mit den Habsburgern in Kontakt. Dort ereilte sich ein Fenstersturz, dessen Überleben er angeblich mit der Konversion quittierte. Der böhmische Hofmathematiker Kepler sagt ihm Macht-Streben und Ehrgeiz voraus.

Er wird Kämmerer bei Erzherzog Matthias, Obrist der böhmischen Stände, nach reicher Heirat Magnat in Mähren. Dort kümmert er sich um alles, geht in der Bauernbefreiung voraus und siedelt katholische Orden zur Rekatholisierung an. Auf Seiten von Matthias werden die Passauer Fußtruppen zum Schutz seines verfeindeten Bruders Rudolf aus Prag vertrieben und Mattias König. In der Zeit fällt Wallenstein durch Reichtum und Prachtentfaltung auf.

Bei Erzherzog Ferdinand fällt er in Gnaden, nachdem er ihm mit einer Streitmacht im Friauler Krieg gegen die Seemacht Venedig zu Hilfe kommt. Bei Ausbruch des 30-jährigen Krieges schlägt sich Wallenstein, obwohl er auch mährisch-ständischer Oberst ist, zum Kaiser nach Wien durch. In Mähren wird er daraufhin des Landes verwiesen und alle Güter eingezogen. Jetzt ist er Söldner in Kaisers Diensten.

Es beginnt eine Phase, in der er zum Oberbefehlshaber aufsteigt, für den Kaiser Schlachten schlägt, (meist gewinnt) neue Truppen wirbt, die Kriegsführung humanisiert, der Kaiser sein Schuldner wird, vom ihm dafür erhaltene Herrschaften, Titel und Ämter sich häufen, in längeren Kampfpausen er sich beispielhaft um seine Besitzungen kümmert, Geschäfte macht und aus dem sgg. Münzkonsortium Gewinn zieht. Er ist jetzt Herzog von Friedland und Sagan, teilweise Herzog von Mecklenburg, Fürst von Wenden, Graf von Schwerin, Herr von Rostock und Herr von Stargard. Nach Besiegung Dänemarks 1627 lehnt er die dänische Königskrone ab. Sein Besitz erreicht 1/5 des Königreichs Böhmen.

Sein Reichtum, seine Macht, seine militärischen Erfolge, seine Selbständigkeit auch in politischen Ansichten (z.B. bezüglich Türken, Hansestaaten), die breiten Verbindungen auch zu den Gegnern, seine ständige Forderung bei Hof, Sold und Nachschub ordentlich zu bewerkstelligen, dazu die Klagen der Liga unter dem bayerischen Kurfürsten Maximilian, der u.a. Wallensteins mangelnde Begeisterung für die katholische Sache in Wien bemängelt, sowie Ängste und Neid der übrigen Kurfürsten lassen Gewitterwolken aufziehen, die sich am Regensburger Kurfürstentag 1630 entladen. Zumal der Kaiser die Wahl seines Sohnes als Nachfolger gefährdet sieht. Im Fuggerbau in Memmingen erhält Wallenstein seine Entlassungsurkunde. Doch das Blatt wendet sich wieder. Noch im selben Jahr treten die Schweden in den Krieg ein. General Tilly ist tot und Wien bitte Wallenstein in der Not, nochmal das Oberkommando zu übernehmen. Wallenstein gelingt es bei Zirndorf die Schweden, die mit Nürnberg paktiert hatten, zu vertreiben.

Doch erneut sinkt sein Stern. Wallenstein läßt wegen Feigheit und Flucht dreizehn seiner Offiziere erschießen, verliert Vertrauen bei der Truppe, läßt den Erzrebell des böhmischen Aufstandes von 1618 laufen, verhandelt mit dem Feind und kommt den Bayern bei der Vertreibung der Schweden nicht zu Hilfe. Am 31.Dezember 1633 fallen am Hof in Wien erneut die Würfel. Seine Mitgeneräle werden beauftragt, Wallenstein tot oder lebendig auszuliefern.

Foto: Das Haus in Eger, in dem Wallenstein ermordet wurde.

Daraufhin zieht sich Wallenstein mit seinen Getreuen nach Eger zurück in der Hoffnung, daß zwischenzeitlich die Schweden eintreffen. Das geschieht nicht. In einem kaiserlichen Komplott werden zunächst sein Gefolge u.a. Graf Kinsky bei einem Dinner auf der Burg ermeuchelt und dann auf der Stadtkommandantur Wallenstein selbst. Er war von der Gicht schon so gezeichnet, daß er in einer Sänfte dorthin getragen werden mußte.

Die Mörder, irische und schottische Offiziere im Dienst des Kaisers, wurden mit dem Vermögen Wallensteins ruhiggestellt. Eine Untersuchung gab es nicht.

So endet die lehrreiche Geschichte von Aufstieg, Fall und undurchsichtigem Paktieren, aus der Schiller das berühmte Drama „Wallenstein" schuf. Die Familie Waldstein hingegen lebt bis heute verdienstvoll weiter. Sie hatte mit der „Waldsteinischen Maschinen-Fabrik" z.B. den Grundstein für das heutige Škodawerk gelegt oder sich mit dem imposanten Benediktiner Angelus Waldstein im 20.Jahrhundert um die Aussöhnung mit Böhmen bemüht.

Gute und sichere Zeit

Euer Wenzel

AHOI!

Kennen Sie Joachimsthal?

Nein, nicht das in der Uckermark (Schorfheide), sondern das am Südhang des Erzgebirges, im Kreis Karlsbad in Böhmen. Sie sollten es sich anschauen, denn seine Bedeutung und seine Schönheit sind beachtlich. Seine Bodenschätze haben erst die Welt bewegt, dann erschüttert und zuletzt wieder beruhigt. Nicht nur geologisch, wirtschaftlich, medizinisch und architektonisch, sondern auch geschichtlich ist das zunächst von Deutschen besiedelte Städtchen beispiellos. Ich zeig es Ihnen!

Herz und Motor der sehenswerten gotischen und renaissancen Stadt ist das 1516 entdeckte Silbervorkommen. Bis ins 19.Jhdt. wurden daraus Münzen geschlagen. Zunächst haben die Grafen von Schlick, die auf der Burg Freudenstein saßen, das Münzprivileg. Schätze und Reichtum machen begehrlich und so kommt es schon 1525 zu Plünderungen und Aufständen. Mit 2500 Bewaffneten können die Schlicks wieder Ordnung herstellen. Als der Besitzer nach der Türkenschlacht von Mohács nicht zurückkehrt, ziehen die Habsburger die Prägung des Silbers an sich. Es entstehen die „Taler" (abgeleitet von Joachimsthal) von denen dann, im Rahmen der sich öffnenden Finanzmärkte, sich auch der Name „Dollar" ableitet.

In die Gründerzeit des Münzwesens fällt auch die Reformation, die die Schlicks kräftig unterstützen. Die Kirche St. Joachim und St. Anna in der Stadt (um 1530 erbaut) ist die erste protestantische Kirche. Im „Schmalkaldischen Glaubenskrieg" verlieren die Schlicks auf Seiten der Protestanten gegen die Habsburger und büßen Joachimsthal ein.

Ein verheerender Stadtbrand 1837 kann die Entwicklung im Bergbau nicht aufhalten. Während im 19.Jahrhundert das Silber-Vorkommen zurückgeht, entdeckt man mit zunehmendem chemischem Wissen auch andere Substanzen, so die „Blechblende".

Man findet heraus, daß man aus ihr Uranfarbe für die Glas- und Keramikindustrie herstellen kann. Ende des 19.Jahrhunderts entdeckt Marie Curie in Joachimsthal das Element Radium im Uranerz, wofür sie den Nobelpreis bekommt. Ab 1907 werden jetzt für Medizin und Wissenschaft Radiumverbindungen hergestellt. In Joachimsthal beginnt damit jetzt auch ein Kurbetrieb. Zu Beginn des Protektorats noch Radiumbad, mutiert dann Joachimsthal unter den Nazis zum Gefangenenlager für Franzosen und Russen.

Bild: Kurhaus von Joachimsthal heute

Die Bewohner, Besitzer und Ideologien in Joachimsthal wechseln nach dem Untergang des Nazireiches, die Menschenverachtung aber bleibt und steigert sich unter den Kommunisten. Jetzt werden im Uranabbau zwei Ziele gleichzeitig verfolgt. Die russische Atom-Industrie wird mit Uran versorgt und politische Häftlinge und Zwangsarbeiter „beschäftigt".

In 18 Lagern, sog. ČSSR Gulags, befinden sich ca. 250.000 Inhaftierte. Davon, so heißt es, hat vermutlich die Hälfte nicht überlebt. 1964 wurde der Uranabbau eingestellt.

Nach der Samtenen Revolution hat Joachimsthal zur Heilung zurückgefunden und ist von der UNESCO zum Welterbe „Montanregion Erzgebirge" ernannt worden. Das Grubenwasser des ehemaligen Uranbergwerkes heilt Neuralgien, Rheuma, Schädigungen des Bewegungsapparates und Entzündungen. Joachimsthal erfreut sich heute eines guten Rufes als ansehnliches und erfolgreiches Kurstädtchen.

Viele Grüße

Euer Wenzel

AHOI!

Gold steht für Pracht, Macht und Reichtum.

Gerade in der Weihnachtszeit in Kombination mit Licht, bringt es fast geheimnisvollen Glanz in die Dunkelheit. Interessant, daß in dunkler Vergangenheit in Bezug zu unserem Nachbarland Böhmen einige Örtlichkeiten mit dem Prädikat „**golden**" ausgezeichnet wurden.

Am ältesten und bekanntesten dürfte die „**goldene Stadt Prag**" sein. Ihr Beiname entstand durch den in Goldtönen schimmernden Glanz der Sandsteintürme bei Sonneneinstrahlung. Einen weiteren Beitrag stifteten die von Karl IV. vergoldeten Türme der Burg und die Anziehungskraft von Alchimisten. Aber nicht nur ihr Schein, auch ihre Bedeutung als Königs- und Kaiserstadt unter Premisliden, Luxemburgern und Habsburgern verlieh ihr Macht und Glanz. Sagen, Legenden, Märchen umrankten sie und fanden im Film von Veit Harlan 1942 „die goldene Stadt" ihren Höhepunkt.

Ein besonders glänzender Ort in Prag war und ist das „**goldene Gässchen**". Im 16.Jahrhundert befand sich an der Innenmauer der Prager Burg ein Wehrgang mit elf kleinen Häuschen, begrenzt von zwei Türmen für die Burgwache, die roten Schützen. Unter Rudolph II. (1576-1612) wurde der Wehrgang im Streben nach Wissen und Macht zur Erzeugung von Gold und Auffinden des „Steins der Weisen", in eine Alchimistengasse umgewandelt.

Im 19.Jahrhundert war es vorbei mit Aberglauben und Glanz und das Gässchen kam herunter. 1916/17 lebte dort Franz Kafka. Nach dem 2.Weltkrieg wurde es saniert, bekam farbige Fassaden und wird heute als Touristenattraktion für Ausstellungen und Cafés genutzt.

Der „**goldenen Straße**" gab ihr Erbauer Karl IV.(1346-1378) ihren Namen.

Foto: Goldenes Prag

Die Verwendung des Adjektivs „golden" in Zusammenhang mit Straßen hat sich in unserm Begriff des **„goldenen Mittelwegs"** verfestigt und drückt nicht nur eine ausgewogene Lösung, sondern auch die Bedeutung und die Wichtigkeit eines Zieles aus. Karl IV. (ein Luxemburger) wußte, daß mit Waren auch Ideen und Kultur wandern und suchte als Kaiser mit einer Ost-West-Straße von Prag in die Reichsstädte über Pilsen nach Regensburg, Nürnberg, Frankfurt und bis Luxemburg einerseits und Breslau andererseits eine territoriale Verbindung seiner Länder.

Auch andere Wege (jetzt auf der Süd-Nord-Achse) bekamen das Prädikat „golden" und waren die ebenso abenteuerlichen wie in jeder Hinsicht ertragreichen Austauschrouten mit unseren Nachbarn. Der **„goldene Steig"** und seine Geschichte ist als Begriff und Handelsader unter den „goldenen Verwandten" vermutlich bei uns der präsenteste. Er ist eigentlich ein sich veränderndes Wegenetz von der Donau hinauf ins Böhmische mit verschiedenen Querverbindungen. Auch wenn seit 1010 bekannt, bekommt er erst im 16.Jahrhundert seinen Namen.

Er verdankt ihn vor allem seiner Hauptware dem Salz, das als weißes Gold galt. Flankiert wird der Name vielleicht auch durch reichhaltige Goldfunde auf der Route bei Bergreichenstein.

Schon im 16.Jahrhundert stiegen die bayerischen Herzöge in den Salzhandel aus dem Voralpenland ein und legten sich damit mit dem Hochstift Passau an. Dieses konfisziert z.b. ihre Trecks, wenn sie durch das „Abteiland" zogen. Die westlichste Route der Säumerwege nach Böhmen in Konkurrenz zu den „passauern" nannte sich **„guldene Straß"**. Sie ging von Schärding bzw. Vilshofen aus, mußte nach Grenzstreitigkeiten und den Hussitenkriegen wieder reaktiviert werden und führte über Eging, Grafenau, Mader, Innergfild nach Bergreichenstein. 1608 schlossen der Herzog und der Bischof von Passau einen Einigungsvertrag, so daß der bayerische Salzhandel wieder gestärkt wurde.

Doch 100 Jahre später übernimmt nach dem 30-jährigen Krieg Habsburg die Herrschaft über Böhmen und den Salzhandel, um den eigenen Säckel zu füllen und Böhmen stärker an sich zu binden. Jetzt wandert das Salz von der Donau über Linz nach Budweis. Nicht von ungefähr entsteht hier später nicht nur die erste Eisenbahn, sondern der Schwerpunkt der Verbindungen zu den südlichen Nachbarn wandert von Bayern nach Österreich, intensiviert durch der K.u.K.-Zeit. Die Spuren der Handelswege sind noch sichtbar und zeigen die Entwicklung der beidseitigen Verbindungen bis heute.

Das Gold hat sich in weichere Währungen verflüchtigt, die allerdings kräftig sprudeln.

Nachdem Stadt, Gäßchen und Straßen Böhmens vergoldet sind, wird auch sein Hauptfluß mit höchstem Glanz überzogen. Die Romantik und der Nationalismus des 19.Jahrhunderts machen ihn zur **„goldenen Moldau"**. Dichter, Komponisten und Architekten widmen ihm ihre Aufmerksamkeit und Kunst: „Dunkelgelb wie schweres Gold füllt sie ihr Bett". Vor allem Smetana setzt ihr in seiner Symphonischen Dichtung, „die Moldau", dem zweiten Teil seines Zyklus „mein Vaterland", ein klingendes Denkmal.

Auch der Forstingenieur des Fürsten Schwarzenberg, Josef Rosenbauer, richtet bei der Eröffnung des „Schwarzenberger Schwemmkanals" 1824 die Blicke der Welt auf den schier magischen Fluß. Eifersüchtig und vorzeitig raubt der Moldau bei Melnik die Elbe ihren Nimbus und ihre goldene Farbe. Wie gewonnen so zerronnen.

Besinnliche und gnadenreich Advent – und Weihnachtszeit

Euer Wenzel

Foto: Moldau bei Týn

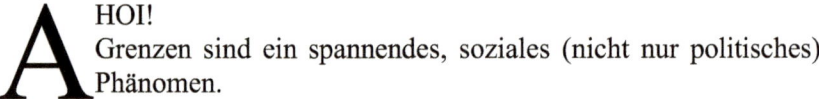

Januar: Bedeutung, Entstehung, Veränderung der Grenzen zu Böhmen

AHOI!
Grenzen sind ein spannendes, soziales (nicht nur politisches) Phänomen.

Sie sind herausragende Orte mit oft wechselnder Frequentierung, je nachdem ob sie mehr verbinden oder mehr trennen. Mit historischen Ereignissen ändern sie sich oft. Gewinn für die einen, Verlust für die anderen. Oft ist auch ungeklärt, wie sie entstanden sind, warum sie gerade da verlaufen und werden angezweifelt. Sie sind mit einem Selbstverständnis, einem Wir-Gefühl und der Abgrenzung, oder dem Schutz von/vor anderen verbunden. Haben Sie schon einmal einen Blick auf die Grenze zu unseren böhmischen Nachbarn geworfen (sie ist die längste, die Deutschland hat) und sich Gedanken über ihre wechselvolle Geschichte gemacht?

Erst im 14.Jahrhundert wird eine Grenzbildung zu unseren östlichen Nachbarn langsam sichtbar, aber immer umstritten. Vorher war das alles nur zufälliges Siedlungsgebiet bzw. herrschaftsfreie Wildnis. Die bayerischen Rodungsklöster (St.Emmeram, Niederaltaich, Niedernburg) bekamen den Auftrag vom Herzog, den Wald zu roden, das Gebiet auszuweiten und sicherer zu machen und erhielten dafür Land und Privilegien.

Aus dem Osten waren auf der Flucht vor den Awaren schon Slawen im Zuge der Völkerwanderung auch nach Bayern gekommen. Siedlungen mit Ortsnamen auf –itz,-as und –au weisen auf sie zurück.

Auch slawische Sprachspuren lassen sich bis heute nachweisen. Um die Jahrtausendwende bestanden vom regierenden Markgrafen in der Oberpfalz enge Verbindungen zu den Herrschern in Osteuropa. Im 13.Jahrhundert festigten sich über den „Goldenen Steig" auch von Passau nach Südböhmen die Handelsbeziehungen. Eger ist 1242 noch bayerisch und bekommt das Stadtrecht. Eisenstein und Zwiesel waren einmal bayerisch, einmal böhmisch.

Erst 1764 legt ein Vertrag die heute noch gültige Grenze fest. Das „Bewegendste" des 13.Jahrhunderts aber ist, daß auch tausende Bayern in einer kleinen Völkerwanderung nach Böhmen ziehen, am Wirtschaftsaufschwung Böhmens teilhaben und in den böhmischen Grenzgebieten die Stammväter unserer Sudetendeutschen werden.

Im 14.Jahrhundert brachen erste Streitigkeiten in der „Oberpfalz" auf. Auf Seiten Kaiser Heinrichs vernichtete Herzog Bořivoj ll. die Besitzungen Diepolds von Nabburg. Durch seine Flucht anschließend verhinderte er allerdings eine Entscheidungsschlacht am Regen zwischen Kaiser – und König Heinrich (Vater und Sohn).

Seit es eine offizielle Grenze gibt wird deren Sicherung von zunehmender Bedeutung. Interessanterweise ähnelt sich dazu hüben und drüben die Methode auffallend. Altsässige Bauern werden mit Schutzmaßnahmen beauftragt und bekommen dafür Privilegien und Selbstverwaltung. So entstehen die künischen (königlichen) Freibauern am nordseitigen Böhmerwald in Bayern und auf böhmischer Seite westlich von Taus/ Domažlice die Choden.

Mit einem Majestätsbrief Karls IV. fällt 1355 das Gebiet zwischen Nürnberg und Böhmerwald an die böhmische Krone (Neuböhmen). Das Gebiet südlich von Cham bleibt bayerisch. 1373 tauscht Karl IV. einen Teil von Neuböhmen gegen die Mark Brandenburg (in Wittelsbacher Besitz!) ein. Damit kann Otto V. sie mit Bayern-Landshut verbinden.

Der Rest „Neuböhmens" bleibt bis 1400 bei Böhmen. 1504 geht die Oberpfalz im Landshuter Erbfolgekrieg den Landshutern wieder verloren. Nach der Pest im 14.Jahrhundert überfallen die Hussiten im 15.Jahrhundert die Oberpfalz. Spuren sind heute noch zu sehen. Der nächste Krieg (Schmalkalden) 1555, in Folge der Reformation, bringt wieder Herrschaftsveränderungen an der bayrisch-böhmischen Grenze.

Foto: Lobkowicz-Schloß in Neustadt an der Waldnaab, ehemals Neuböhmen.

Neustadt an der Waldnaab wird der protestantischen Herrschaft entrissen und von der böhmischen Krone neu belehnt. Ladislaw Popel Lobkowicz, der Oberst Hofmarschall, erhält sie 1575. Die Familie wird gefürstet und sitzt seit 1742 auch im bayerischen Reichsrat. 1806 wird Gebiet und Herrschaft mediatisiert und geht an Bayern zurück.

Im 30-jährigen Krieg flohen viele Böhmen über die Grenze und Kurfürst Maximilian bekam zum Dank für die Unterstützung des Kaisers die Kurwürde der Pfalz (Kurpfalz!) und die Oberpfalz, damit war sie dann wieder zur Gänze bayrisch. Schicksal der Menschen rechts und links der Grenze und deren Verlauf in den beiden letzten Kriegen und danach sind bekannt: vom Eisernen Vorhang zum Grünen Band und der Europaregion Donau-Moldau.

Auffällig ist, daß historische Erschütterungen mit Auswirkungen auf die Grenze immer stärker in der Oberpfalz stattfanden als in Niederbayern. Es war historisch, vor allem nach Erlöschen des Goldenen Steiges von Passau aus, mit Böhmen stärker verbunden.

Gesundheit, Sicherheit und Segen im Neue Jahr!

Euer Wenzel

AHOI!
Schön, daß Sie immer noch aus dem Alltag und der Gemeinde heraus mit mir Ausflüge in die unbekannten Landstriche der „Europaregion Donau-Moldau" machen.

Bald kennen Sie alles, was einst hinter dem Eisernen Vorhang versteckt war und passiert ist, wenn Sie immer mitgegangen sind. Dann kann ich meine Führungen einstellen. Aber jetzt wollen wir die Runde noch fertig drehen, damit Sie auch selbständig sind und sich trauen, mit Ihren Familien und Freunden die Mütze über den Grenzbach zu werfen und nachzuspringen.

Der einfachste und schnellste Weg von Niederbayern zum Grenzbach geht über Philippsreut. Wenn Sie durch den Böhmerwald nach einer halben Stunde durch sind, erstreckt sich vor Ihnen Südböhmen mit Wäldern, Feldern und Seen, das Urlaubsland der Tschechen. Zentrum ist die Hauptstadt Budweis.

Sie als Ausgangspunkt für eine Entdeckungsreise zu nehmen, empfiehlt sich zweimal. Einmal wegen ihrer eigenen Attraktivität, zum andern, weil in Reichweite um sie herum die anderen sehenswerten Städte wie Český Krumlov, Třeboň, Jindřichův Hradec, Tábor und Písek liegen. Diese entdecken Sie selbständig - bei Budweis der königlichen Stadt, helfe ich Ihnen etwas.

Schon vor ihren Toren leuchtet nördlich das berühmte Schwarzenberg-Schloß Hluboka in die Ebene herunter und unten öffnet das Jagd-/Naturmuseum Schloß Ohrada neben Tierpark und See seine Pforten. Budweis hat eine strategisch günstige Lage am Zusammenfluß von Moldau und Maltsche und der Kreuzung von alten Handelswegen. Dort wurde zum Beispiel das Salz nach Prag umgeschlagen.

Im Süden ist Budweis vom Böhmerwald gegen Österreich abgeschirmt und doch ist die Verbindung zu ihm, speziell der Partnerstadt Linz, von alters her sehr eng. Bester Beweis: die erste Pferdeeisenbahn mit 130km auf dem Kontinent dorthin (1827). Bis heute ist, sicher auch durch die K.u.K.–Zeit, die Verbindung zu Linz stärker als zur anderen Partnerstadt Passau. Budweis liegt auf 381m Meereshöhe. In der Nähe wurde Silber gefördert und es hatte eine eigene Münzstätte. In den vielen Seen und Teichen rundum spielt Fischzucht eine große Rolle.

Budweis wird die „königliche" genannt. Sie wurde von König Ottokar II. unter Zuhilfenahme bayerischer Handwerker 1265 erbaut. Politisches Ziel war, den in Südböhmen mächtigen Rosenbergern, etwas entgegenzusetzen. Nicht nur in den Hussitenkriegen, sondern vor allem im 30-jährigen Krieg stand es zu König und Kaiser. Die böhmischen Kronjuwelen und die Landesverwaltung wurden in diesen Jahren dorthin verlegt und die Stadt befestigt. Sie wurde nicht eingenommen aber ein Feuer zerstörte Budweis 1641 zur Hälfte. Oft diente sie auch Karl IV. als Ort zu diplomatischen Gesprächen.

Bis 1899 war Budweis eine deutsche Sprachinsel, dann erfolgte ein starker Zuzug von Tschechen, so daß 1930 nur noch etwa 14% Deutsche waren.

1795 wurde von Deutschen das Budweiser Bürgerbräu gegründet. Erst 1895 gründeten die Tschechen als Gegenstück das „Budweiser Budvar". Der 2.Weltkrieg traf Budweis mit Besatzung, Juden-Verfolgung und US-Bomben. Es gab ca. 220 Tote. Am Stadtrand befand sich 1942/1943 ein Außenlager von Theresienstadt. Das Ende des Krieges kam am 9.Mai 1945 mit dem Einmarsch der Roten Armee. Trotz der amerikanischen „Eroberungslinie" Karlsbad-Pilsen-Budweis wurde es in den Friedensverhandlungen dem „Ostblock" zugeschlagen. Nach Jahren in der Versenkung, dann der Sanierung ist es heute wieder eine Perle Böhmens.

Eine Augenweide ist der Stadtplatz mit seiner immensen Weite und Leichtigkeit. Zentrale Punkte der Samson-Brunnen und das imposante, barocke Rathaus. Die Südost-Ecke bildet der St.Nikolaus-Dom mit dem getrennt stehenden „Schwarzen Turm". Nicht weit davon laden „Masné krámy", die frisch restaurierten historischen Fleischhallen, zu böhmischer Gemütlichkeit ein.

Wie Schwejk verabschiede ich mich dort von Ihnen mit dem Vorschlag: „Treffen wir uns nach dem Schlamassel dort auf ein Bier".

Ich hoffe, meine Ausflüge mit Ihnen ins nahe Europa waren kräftigend, interessant und anregend.

Auf Wiedersehen

Euer Wenzel

DIE EDM Geschäftsstelle in Freyung

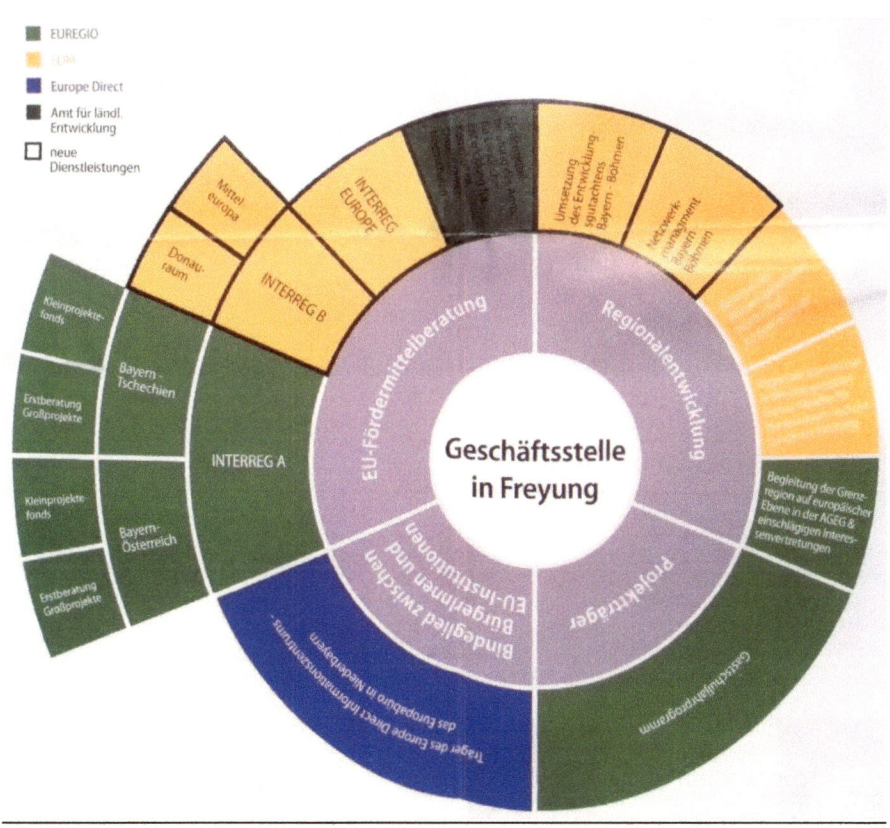

Übertragen von der offiziellen Website der EDM 2021:

Forschung & Innovation

Forschung und Entwicklung tragen zu Wirtschaftswachstum und der Schaffung von Arbeitsplätzen bei. In der EDM herrschen durch die breit aufgestellte Forschungsinfrastruktur (Hochschulen und außeruniversitäre Forschungseinrichtungen) und das dichte Netzwerk an Innovations- und Technologiezentren optimale Bedingungen für Forschung und Entwicklung.

So will sich die EDM zu einem noch hochwertigeren Forschungs- und Innovationsraum entwickeln:
- gemeinsam mit den Experten eine EDM-Forschungs- und Innovationsstrategie entwickeln
- den Aufbau von Netzwerken im Bereich Forschung und Innovation anregen
- die Position der EDM als Forschungs- und Innovationsraum nach außen stärken
- die EDM als Forschungs- und Innovationsraum, Unternehmensstandort und Arbeitsmarkt der Vielfalt präsentieren

Hochschulkooperationen

An den über 30 Universitäten und Hochschulen im EDM-Raum stehen jungen Menschen vielfältige Bildungsangebote und Qualifizierungsmöglichkeiten offen. Die Hochschulen bieten der EDM hoch qualifizierte Arbeitskräfte, Forschungs-Know-how und Forschungsergebnisse, von denen zahlreiche Branchen insbesondere im Forschungs- und Entwicklungsbereich profitieren.

Die Ziele der Wissensplattform:
- Förderung und Vernetzung von Hochschulkooperationen

- Anregung von gemeinsamen Studien- und Lehrgängen
- Förderung des Austausches von Lehrenden, Forschenden, Studierenden und Absolventen
- Unterstützung im Aufbau eines gemeinsamen Hochschulraumes

Unternehmenskooperationen und Cluster

Durch grenzüberschreitende Unternehmenskooperationen und Cluster werden höhere Wertschöpfungen erreicht, die wiederum die regionale Wirtschaft stärken und günstige Auswirkungen auf den Arbeitsmarkt haben.

Die Ziele der Wissensplattform:
- Stärkung der Europaregion als attraktiver, wettbewerbsfähiger Wirtschaftsraum
- Anregung von Kooperationsprojekten und einem intensiven Informationsaustausch, um KMUs und Arbeitnehmern neue Möglichkeiten zu eröffnen
- Vernetzung von Clusterorganisationen
- Grenzüberschreitende Unternehmenskooperationen

Qualifizierte Arbeitskräfte und Arbeitsmarkt

Ein offener grenzüberschreitender Arbeitsmarkt erhöht die Mobilität der Arbeitskräfte und damit die Attraktivität der EDM als Arbeitsstandort. Qualifizierte Arbeitskräfte bleiben in der Region.

Die Ziele der Wissensplattform:
- Intensivere Zusammenarbeit zwischen dem Arbeitsmarkt- und dem Bildungssektor
- Leichterer Zugang zum Arbeitsmarkt der Europaregion sowie Erhöhung seiner Attraktivität
- Verbesserung der Sprachkenntnisse

Natur- und Gesundheitstourismus, Städte- und Kulturtourismus

Im Bereich des Tourismus weist der gesamte EDM-Raum große Stärken auf: unterschiedliche Landschaften, die Alpen, den Donauraum, Nationalparke, Seengebiete und die Flüsse Donau und Moldau. Auch im Gesundheits- und Wellnessbereich gibt es attraktive Angebote an zahlreichen Kurorten. Der Tourismus hat als integrierter Wirtschaftsbereich und für die Lebensqualität eine zentrale Bedeutung. Die Branche ist vielseitig und umfasst Transport und Verkehr, Unterkünfte, Dienstleistungen und Infrastrukturen.

Die Ziele der Wissensplattform:
- Grenzüberschreitende Entwicklung der vorhandenen Themen und Angebote mit dem Ziel der Qualitätssicherung
- Verbesserung der vorhandenen Organisations-, Marketing- und Dienstleistungsstrukturen durch Kooperation und Vernetzung

Erneuerbare Energien und Energieeffizienz

In der EDM bestehen gute naturräumliche Voraussetzungen für die Gewinnung erneuerbarer Energien. Der Bereich stellt eine zukunftsorientierte Branche mit attraktiven Arbeitsplätzen, sogenannten „Green Jobs" dar. In den letzten Jahren haben sich Unternehmen, Hochschulen, Forschungseinrichtungen und Verbände ein hohes Know-How in diesem Bereich angeeignet.

Die Ziele der Wissensplattform:
- Wissensmanagement und Informationsdrehscheibe für die Akteure der Europaregion
- Aufbau grenzüberschreitender Netzwerke für die Themen erneuerbare Energie und Energieeffizienz als sog. „Think-Tanks" der Europaregion
- Entwicklung und Begleitung von Projekten im Bereich effizienter Energieeinsatz und nachhaltiger Energieerzeugung

Mobilität, Erreichbarkeit und Verkehr

Eine zeitgemäße Verkehrsinfrastruktur und attraktive Mobilitätsangebote, welche die Teilregionen der EDM miteinander verbinden, sind die Grundlage einer erfolgreichen wirtschaftlichen und grenzüberschreitenden Entwicklung und einer guten Lebensqualität der BewohnerInnen. Ein grenzüberschreitend abgestimmter Ausbau der Verkehrsinfrastruktur und der Mobilitätsangebote kann die Standortpotenziale der EDM weiter erhöhen.

Die Ziele der Wissensplattform:
- Eine abgestimmte grenzüberschreitende Verkehrsplanung
- Eine verbesserte Anbindung der Regionen an transeuropäische Verkehrsnetze
- Flexible grenzüberschreitende Mobilitätsangebote für unterschiedliche Zielgruppen
- Leicht zugängliche Informationen zum grenzüberschreitenden Verkehr und Mobilität

Textquelle: Donau Moldau (kompetenzlandkarte.org) Mai 2021

Anhang: Forderungen für die Zukunft

A

Die CSU als staatstragende Partei hat auf ihren Parteitagen 2017 und 2019 sich dezidiert als Brückenbauer nach Europa definiert. So hat sie in einem Parteiprogramm formuliert:

„Bayern liegt im Herzen Europas. In langer Tradition sind wir den mittel- und osteuropäischen Staaten wirtschaftlich und kulturell stark verbunden. Unsere geographische Lage und unsere Geschichte sind für uns Chance und Verpflichtung zugleich. Mit unserer Ost-Europa-Strategie sind wir weiterhin Motor der guten Nachbarschaft zu Mittel - und Osteuropa." …

Wir wollen ein Europa der Bürgerinnen und Bürger ... für ein starkes Bayern im Herzen Europas sein.

B

In Ihrem Regierungsprogramm für die laufende Amtsperiode haben vor dem Hintergrund der Bayerischen Verfassung die verantwortlichen Parteien zum Thema Europa u.a. folgendes vereinbart:

„Es gilt das Subsidiaritätsprinzip mit Leben zu füllen ... wir wollen die europäische Zivilbevölkerung stärken, z.B. durch den Ausbau von Städtepartnerschaften. Wir wollen die Rolle der Regionen in der EU stärken. Zusammen mit unseren Partnern wollen wir die Mitwirkungsrechte der Regionen stärken. Unser Ziel ist es, den Ausschuß der Regionen gegenüber dem Ministerrat und dem Europaparlament erheblich zu stärken…

Alle Resorts der Staatsregierung sollen sich bei europäischen Themen aktiv einbringen. Dazu werden wir die Koordination innerhalb Bayerns und mit der Bundes- sowie der EU-Ebene stärken. Wir werden auch die Zusammenarbeit der Europaabgeordneten intensivieren... Ebenso setzten wir uns für die Stärkung eines direkten europäischen Austauschs mit anderen Staaten und Regionen in Europa ein...

Wir wollen die internationalen Kontakte Bayerns in Europa ... weiter pflegen und ausbauen... Innerhalb Europas ist Bayern Brückenbauer zwischen Ost und West, gerade im Donauraum. Unsere gute Nachbarschaft zu Tschechien ist uns dabei besonders wichtig. Wegen

der Besonderheit der gemeinsamen Geschichte kommt der Repräsentanz des Freistaates in der Tschechischen Republik eine besondere Bedeutung zu. Wir wollen die EUREGIO-Zusammenarbeit fortsetzen... Wir pflegen unser Netzwerk mit unseren Partnerregionen und den Nachbarn der Europäischen Union.
Wir fördern den europäischen und internationalen Jugendaustausch. Mit einem neuen bayerischen Auslandsinstitut wollen wir ein internationales Netzwerk für den Jugendaustausch gründen. Aufgrund der gemeinsamen Geschichte Bayerns und Böhmens liegt uns dabei besonders die Stärkung des Austausches mit Tschechien am Herzen."

C
In den Statuten der EDM ist zu lesen:
„Als Arbeitsgemeinschaft und der EUREGIO als Rechtsinhaberin stellt sich die Europaregion- Donau-Moldau (EDM) folgende Aufgaben:
Die EDM zielt darauf ab, durch die Förderung der Zusammenarbeit ihrer Mitglieder wesentlich zur Weiterentwicklung des ganzen EDM-Raumes sowie zur Umsetzung des europäischen Gedankens beizutragen. Ab dem Jahr 2019 widmet sich die EDM der neuen strategischen Ausrichtung unter dem Motto „EDM - Raum für Gesellschaft 4.0" mit den Unterthemen: Industrie 4.0,Gesundheit und dem Querschnittthema Sprache Tourismus"

D
Um den guten Ansatz der EUREGIONES und der EDM zu verbessern und auszubauen, sollte sich die Europapolitik in Bayern nach meiner Beobachtung und Erfahrung, aber auch ihren eigenen Vorgaben, auf nachstehende Punkte ausrichten:
- Durch eine Studie mit ostbayerischen Instituten den Bewußtseinsstand und das Engagement der Bürger für Europa und das Wissen über die Nachbarn verdeutlichen,
- Den Status der Europapolitik als „Außenpolitik" zum eigenen Wirkungskreis jeder Kommune verändern. Dazu könnten die Parteien mit grenzüberschreitenden Partnerschaften mithelfen.
- In das Konstrukt der bisherigen EDM-Organisation das Prinzip der Subsidiarität implantieren. Bürger, Verbände, Kirchen und der

Freistaat müssen der Reihe nach ihre feste Einbindung und Zuordnung haben.

- Zur notwendigen Bürgerbeteiligung einen Chatroom, stärkere Medienarbeit und die Einsetzung eines/-er freiwilligen Europabeauftragten in den Kommunalparlamenten (wie in Österreich) einführen
- Durch Umbenennung der EDM in NV-EDM (= Niederbayerische Verbundstelle) die Praxisorientierung der Organisation verdeutlichen
- Die NV-EDM von wirtschaftlichen und strukturellen auch auf gesellschaftliche, soziale und kulturelle Ziele erweitern (s. Bavaria-Bohemia),
- Freizeit-, Begegnungs- und Austauschprogramme für Kinder und Jugendliche ausbauen
- Tourismus stellt neben Handel die einfachste Verbindung zu Nachbarländern dar. Durch mehr Bildungsqualität und vermehrte Partnerschaften den Tourismus verstärkt fördern
- Die Kooperation in Landwirtschaft, Umwelt- und Naturfragen wesentlich intensivieren.

Zum Geleit

Liebe Leserinnen und Leser,
liebe Freunde der grenzübergreifenden und europäischen Zusammenarbeit!

Es ist mir eine besondere Freude, für das Buch von Leopold Graf Deym „Blicke auf den Nachbarn Böhmen in der Europaregion Donau-Moldau" ein Geleitwort verfassen zu dürfen.

Graf Deym engagiert sich seit vielen Jahren für die grenzübergreifende Zusammenarbeit und die Ziele der Europaregion Donau-Moldau in vorbildlicher Weise. Dafür möchte ich ihm an dieser Stelle herzlich danken.

Welch große Bedeutung die Partnerschaft und Freundschaft mit unseren tschechischen und österreichischen Nachbarn für uns alle hat, das wurde uns im Verlauf der Corona-Pandemie wieder sehr bewusst. Kaum vorstellbar, daß Grenzen in Europa wieder hochgezogen und unsere Region, wie das lange Zeit der Fall war, wieder mit dem „Rücken zur Wand" stehen würde. Gerade in Ostbayern profitieren wir kulturell, gesellschaftlich und wirtschaftlich von offenen Staatsgrenzen und der Zusammenarbeit mit unseren Nachbarn in einer Form, wie das nie zuvor in der Geschichte der Fall war.

Möglich gemacht hat das die Europäische Union, wofür man die Weitsicht und die Mühen ihrer Gründerväter nicht genug herausstellen kann. Die Europäische Union und ihre Errungenschaften sind das wertvollste Erbe, das unseren Generationen nach dem Zweiten Weltkrieg zuteilwurde. Wir können uns heute „grenzenlos" entwickeln, uns gemeinsam stärken, uns gegenseitig helfen, frei bewegen und viel Wohlstand genießen.

Wie sehr hätten sich unsere Vorfahren wohl darüber gefreut, in einem freien und friedlichen Europa leben zu dürfen?

Dies war mit ein Grund, weshalb wir uns vor gut 10 Jahren dazu entschlossen haben, gemeinsam mit unseren tschechischen und österreichischen Nachbarn und Freunden eine Europaregion Donau-Moldau aufzubauen. In den Grenzregionen Europas leben etwa 30% der europäischen Bevölkerung. Nur wenn es dauerhaft gelingt, die Menschen an den Nahtstellen Europas zusammenzuführen und zu vereinen, wird es ein auf Dauer in seinen Grundfesten unverrückbares und stabiles Europa geben.

Graf Deym will mit seinem wertvollen Einsatz die „Entfernung" der Menschen zueinander und zwischen ihren Kulturen abbauen. Er hat dabei vor allem Tschechien im Blick, was mich besonders freut, denn Tschechien hat sich nach dem Fall des sog. Eisernen Vorhanges zu einem Partner entwickelt, der für uns nicht nur kulturell und gesellschaftlich, sondern auch wirtschaftlich von großer Bedeutung ist. Mittlerweile unterhalten mehr als 3.000 bayerische Unternehmen intensive Partnerschaften nach Tschechien, das Handelsvolumen Bayerns mit Tschechien beträgt bereits über 20 Mrd. Euro.

Auch kommen etwa täglich und jede Woche 22.000 Menschen zu uns nach Bayern, gehen ihrer Erwerbstätigkeit nach, unterstützen unsere Wirtschaft und sind für eine Reihe wichtiger Versorgungseinrichtungen längst unentbehrlich. Häufig müssen diese Menschen durch ihr Pendeln große Mühen und persönliche Entbehrungen in Kauf nehmen, weshalb ich gerade auch für ihre Leistungen herzlichst danken möchte.

Die gemeinsame Europaregion Donau-Moldau mit unseren österreichischen und tschechischen Nachbarn auch weiterhin voranzubringen, das sehe ich als eine unserer wichtigsten Zukunftsaufgaben an, für die wir uns alle einsetzen sollten.

Ich wünsche Ihnen viel Freude und wertvolle Informationen beim Lesen der von Graf Deym gegebenen „Blicke auf den Nachbarn Böhmen in der Europaregion".

Alles Gute – und bleiben Sie gesund!

Ihr

Dr. Thomas Pröckl
Bezirkstagsvizepräsident von Niederbayern

Quellen, Literatur, Archive

Wikipedia

Koschmal, Nekula, Rogall, Deutsche und Tschechen

Deutsche und Tschechen, Verlag C.H. Beck, 2001

M.Alexander, Kleine Geschichte der böhm. Länder, Reclam, 2008

J. Burgsteiner, Tschechen, Beck'sche Reihe, 1990

M. Mauritz, Tschechien, Pustet, 2002

Handbuch der Religion- und Kulturgeschichte d. Böhm.

Länder,Oldenburg,2009

Landesecho, Zeitschrift d. Deutschen i. Böhmen, Mähren u. Schlesien

Prager Zeitung, alte Jahrgänge

Buchempfehlung

Folgendes Buch ist bereits im Buchhandel als Taschenbuch, wie auch Kindle eBook erhältlich:

Leopold Graf Deym   Freiherr von Střítež

BÖHMISCHE SPURENSUCHE und BAYERISCHER NEUANFANG

ISBN : 978-3734732881 erhältlich im Buchhandel